I0019106

Juan Manuel Rendón-Mancha

Régions Actives Morphologiques

Juan Manuel Rendón-Mancha

Régions Actives Morphologiques

Application à la Vision par Ordinateur

Éditions universitaires européennes

Mentions légales/ Imprint (applicable pour l'Allemagne seulement/ only for Germany)
Information bibliographique publiée par la Deutsche Nationalbibliothek: La Deutsche Nationalbibliothek inscrit cette publication à la Deutsche Nationalbibliografie; des données bibliographiques détaillées sont disponibles sur internet à l'adresse http://dnb.d-nb.de.
Toutes marques et noms de produits mentionnés dans ce livre demeurent sous la protection des marques, des marques déposées et des brevets, et sont des marques ou des marques déposées de leurs détenteurs respectifs. L'utilisation des marques, noms de produits, noms communs, noms commerciaux, descriptions de produits, etc, même sans qu'ils soient mentionnés de façon particulière dans ce livre ne signifie en aucune façon que ces noms peuvent être utilisés sans restriction à l'égard de la législation pour la protection des marques et des marques déposées et pourraient donc être utilisés par quiconque.

Photo de la couverture: www.ingimage.com

Editeur: Éditions universitaires européennes est une marque déposée de
Südwestdeutscher Verlag für Hochschulschriften Aktiengesellschaft & Co. KG
Dudweiler Landstr. 99, 66123 Sarrebruck, Allemagne
Téléphone +49 681 37 20 271-1, Fax +49 681 37 20 271-0
Email: info@editions-ue.com
Agréé: Paris, René Descartes, thèse de doctorat, 2002

Produit en Allemagne:
Schaltungsdienst Lange o.H.G., Berlin
Books on Demand GmbH, Norderstedt
Reha GmbH, Saarbrücken
Amazon Distribution GmbH, Leipzig
ISBN: 978-613-1-52528-5

Imprint (only for USA, GB)
Bibliographic information published by the Deutsche Nationalbibliothek: The Deutsche Nationalbibliothek lists this publication in the Deutsche Nationalbibliografie; detailed bibliographic data are available in the Internet at http://dnb.d-nb.de.
Any brand names and product names mentioned in this book are subject to trademark, brand or patent protection and are trademarks or registered trademarks of their respective holders. The use of brand names, product names, common names, trade names, product descriptions etc. even without a particular marking in this works is in no way to be construed to mean that such names may be regarded as unrestricted in respect of trademark and brand protection legislation and could thus be used by anyone.

Cover image: www.ingimage.com

Publisher: Éditions universitaires européennes is an imprint of the publishing house
Südwestdeutscher Verlag für Hochschulschriften Aktiengesellschaft & Co. KG
Dudweiler Landstr. 99, 66123 Saarbrücken, Germany
Phone +49 681 37 20 271-1, Fax +49 681 37 20 271-0
Email: info@editions-ue.com

Printed in the U.S.A.
Printed in the U.K. by (see last page)
ISBN: 978-613-1-52528-5

Copyright © 2010 by the author and Südwestdeutscher Verlag für Hochschulschriften Aktiengesellschaft & Co. KG and licensors
All rights reserved. Saarbrücken 2010

À mes parents Manuel et Marlene,
ma sœur Carmen Karina,
et Adriana

Remerciements

Je voudrais remercier vivement :

Georges Stamon pour m'avoir accueilli dans son équipe au laboratoire de Systèmes Intelligents de Perception (SIP), son encadrement, ses sages conseils, son encouragement et sa patience.

Santiago Venegas pour ses conseils et son aide avec les problèmes de traitement d'images.

Vannary Meas-Yedid pour son aide avec les tests des algorithmes sur des images biologiques, ses conseils, la révision du document et parce que c'est à elle l'idée d'appeler l'algorithme : contour actif morphologique.

Jean-Cristophe Olivo-Marin pour m'avoir accueilli dans son laboratoire à l'Institut Pasteur, son appui et ses conseils.

Les membres de l'Unité Postulante de Analyse d'Images Quantitative de l'Institut Pasteur pour son aide lors de mes visites.

Benoit Debaque pour son humeur et son aide avec les logiciels et le code existants qui m'ont fait économiser beaucoup de temps.

Tous les membres du laboratoire SIP pour son aide, son humeur, ses conseils et les corrections lors des exposés.

Raphael Horak pour l'encadrement de la recherche, surtout au début de la thèse.

Gerardo Hermosillo pour son aide avec quelques détails techniques de la reconstruction 3D et l'implémentation des méthodes d'ensembles de niveau zéro lors de ma seule visite à l'INRIA à Sophia Antipolis.

Olivier Faugeras pour son encouragement et ses conseils lors de la même visite.

Françoise Preteux pour avoir été mon rapporteur.

Jean Louchet pour avoir été rapporteur et pour le soin qu'il a apporté aux corrections.

Finalement le Conseil National de Science et Technologie du Mexique (CONACYT) pour le financement de cette thèse.

Sommaire

Introduction

A l'heure actuelle, de nombreuses applications de la vision par ordinateur ont vu le jour dans le domaine médical, dans l'industrie de la manufacture et dans le domaine militaire, entre autres. Une grande partie des efforts des chercheurs concerne l'étude de la reconstruction tridimensionnelle des objets à partir d'images planes. Plusieurs méthodes existent pour réaliser une reconstruction 3D à partir des différentes images d'une même scène ou à partir d'une seule image. Nous allons nous intéresser aux méthodes qui utilisent plusieurs images de la même scène prises avec des caméras situées en différentes positions, c'est à dire, les méthodes stéréoscopiques de reconstruction tridimensionnelle.

D'autre part, l'application des Équations aux Dérivées Partielles (EDP) pour résoudre des problèmes en vision par ordinateur devient de plus en plus courante. Les méthodes d'évolution de courbes (Contours Actifs) reposant sur des EDP sont fréquemment utilisées pour résoudre des problèmes tels que la détection de contours, la poursuite d'objets et même la reconstruction 3D. L'application de la théorie d'évolution de courbes et surfaces à la reconstruction 3D est à l'heure actuelle mise en œuvre principalement à l'aide des méthodes d'ensembles de niveau zéro (ENZ), ce qui rend le processus très lent, malgré de nombreux efforts pour développer de variantes de plus en plus rapides.

Parmi les méthodes de reconstruction tridimensionnelle existantes nous nous sommes intéressés à la méthode de Faugeras-Keriven de reconstruction 3D par évolution de surfaces qui repose sur la théorie des contours actifs ou « snakes ». Cette thèse fait partie d'un projet dont l'objectif général est la reconstruction d'objets en 3D pour la poursuite et les contours actifs se sont révélés très adaptés pour le problème de la poursuite d'objets en 2D. Il faut distinguer deux étapes dans la méthode Faugeras-Keriven : d'une part, l'évolution « pure » de la courbe et d'autre part, la prise en compte des images stéréoscopiques dans le processus d'évolution de la courbe.

L'objectif principal de la recherche a été au départ de réaliser une amélioration **au niveau algorithmique** de la méthode Faugeras-Keriven [Faugeras1988] de reconstruction tridimensionnelle par évolution de surfaces soit dans l'étape d'évolution pure de la courbe, soit dans l'étape de la prise en compte des images stéréoscopiques. Cette amélioration peut concerner la rapidité du calcul, la robustesse de la méthode (par exemple le traitement des images non fortement texturées) ou la simplification dans sa programmation pour son éventuelle application dans une problématique particulière.

Notre intention est d'utiliser une méthode améliorée d'évolution de courbes à la place de la méthode d'évolution par surfaces de niveau zéro, ce qui rendrait la reconstruction beaucoup plus rapide. Aussi

1

une simplification dans la prise en compte des images stéréoscopiques pourrait réduire le temps de calcul. Dans cette perspective, nous avons développé d'abord un algorithme d'évolution de courbes en 2 dimensions qui a ensuite été étendu à la 3D. Vu les limitations de ce premier algorithme, un autre algorithme a été conçu pour N dimensions et testé d'abord en 2D puis en 3D. Là nous avons décidé d'appliquer ces algorithmes de propagation de front d'onde à la segmentation 2D et 3D, aussi bien qu'à la reconstruction 3D.

Dans ces travaux nous proposons deux méthodes d'évolution de courbes pour surmonter les difficultés des ENZ. Les **Contours Actifs Morphologiques** et les **Régions Actives Morphologiques**. Ces méthodes présentent des schémas algorithmiques très différents de ce qui est utilisé actuellement pour la propagation d'un front d'onde. La première méthode utilise une image binaire pour simuler l'évolution d'une courbe. Cette évolution est réalisée à l'aide des opérations morphologiques binaires combinées avec des substitutions des configurations d'une fenêtre 3×3 qui approximent l'évolution de la courbe en fonction de sa courbure locale. La deuxième méthode réalise l'évolution d'une courbe dans un domaine à valeurs réelles et utilise des opérateurs basiques de morphologie mathématique en niveaux de gris et une diffusion isotrope pour faire évoluer la courbe. Les méthodes ont été formulés en 2D et son extension à la 3D est simple pour les contours actifs morphologiques et directe pour les régions actives morphologiques. Ces méthodes ont été appliquées avec succès à la reconstruction 3D mais aussi à la segmentation 2D et 3D.

Le chapitre 1 décrit en détail les méthodes d'évolution de courbes en deux dimensions. Le chapitre 2 montre des applications à la segmentation d'images, d'abord sur des images synthétiques et puis sur des images biologiques. Le chapitre 3 présente l'extension des méthodes en trois dimensions, l'application de la première méthode à la segmentation 3D et des tests réalisés sur des images de synthèse et sur des images réelles biologiques. Le chapitre 4 est consacré à la reconstruction 3D, quelques tests y sont présentés sur des images de synthèse et réelles.

Chapitre 1

Évolution de Courbes

1.1 Introduction

Un Contour Actif résulte de la minimisation d'une énergie qui caractérise les paramètres de la courbe et les contraintes liées à l'image. Le minimum est atteint lorsque le contour déformable se trouve sur les parois de l'objet à détecter et vérifie les contraintes de régularité géométrique. Cependant ce modèle classique de contours actifs présente certains inconvénients. Notamment, il ne permet pas la gestion automatique des changements de topologie et l'initialisation de la courbe doit s'effectuer près de l'objet à envelopper.

Des travaux ont été réalisés pour gérer le changement de topologie, tel est le cas des contours actifs topologiques [Delingette2000, Zimmer2001], mais l'algorithme est complexe et ne résout que le cas de l'intersection de deux courbes (ne fonctionne pas pour trois) en deux dimensions.

Le modèle des Contours Actifs Géodésiques [Casselles1995] a été introduit comme une alternative géométrique aux snakes pour résoudre certains problèmes liés à ce modèle (*i.e.*, initialisation de la courbe et changement de topologie de la courbe pendant la propagation).

La formulation des Contours Actifs par les Ensembles de Niveau (Level Sets) [Osher1998] permet d'implémenter les contours actifs tout en gérant le problème des changements de topologie. De plus, son extension aux dimensions supérieures est aisée. Néanmoins sa programmation est difficile et compliquée et le temps de calcul est élevé (principalement à cause des réinitialisations de la fonction distance) même si des algorithmes rapides ont été proposés [Paragios2000, Goldenberg2001].

Pour réaliser une méthode rapide et robuste de segmentation d'images, nous avons développé un nouvel algorithme pour la propagation d'onde. Suivant la théorie d'évolution des courbes et selon le principe des contours actifs géodésiques, notre algorithme propage un front d'onde en utilisant les opérations de morphologie mathématique sur une image binaire. Nous proposons les **Contours Actifs Morphologiques** [Rendón2001] comme une alternative à l'utilisation des ensembles de niveaux, qui fonctionnent avec des tableaux 2D de nombres réels et nécessitent un nombre important de calculs et des « réinitialisations » périodiques. Notre approche permet aussi de gérer automatiquement les changements topologiques, son implémentation est simple et le temps de calcul est faible mais elle est moins robuste. Certaines limitations de cette méthode nous a amené au développement d'une méthode plus robuste, les **Régions Actives Morphologiques**.

Paragios [ParagiosThesis2000] a très bien résumé l'histoire de la théorie des contours actifs, nous reprenons ici une partie de son exposé.

Dans la section 1.2 nous allons brièvement présenter les Contours Actifs classiques, suivis des Contours Actifs Géodésiques dans la section 1.3. La propagation de courbes par ensembles de niveau est présenté dans la section 1.4, dans la 1.5 nous introduisons les Contours Actifs Morphologiques. La section 1.6 traite du rapport entre la diffusion isotrope et la propagation en fonction de la courbure, qui est nécessaire pour aborder la section 1.7 où les Régions Actives Morphologiques sont présentées. Nous concluons dans la section 1.8.

1.2 Snakes et Contours Actifs

Nous allons présenter brièvement les contours actifs classiques proposés initialement par Kass et al. [Kass1987, Terzopulos1987, Terzopulos1988] qui ont été utilisés avec succès dans plusieurs applications de la vision par ordinateur. Cette approche fait correspondre un **modèle déformable** avec un contour dans une image grâce à un processus de minimisation d'énergie.

Etant donnée une courbe paramétrique fermée dans le plan $[C : [0, 1] \to \mathbb{R}^2, p \to C(p)]$ et une image $I : \mathbb{Z}^+ \times \mathbb{Z}^+ \to \mathbb{R}^+$, où on veut détecter les contours des objets. Le modèle du snake a pour but de minimiser l'énergie suivante :

$$E[(C)(p)] = \alpha \int_0^1 E_{int}(C(p))dp + \beta \int_0^1 E_{img}(C(p))dp + \gamma \int_o^1 E_{con}(C(p))dp \qquad (1.1)$$

où le terme de contour interne E_{int} régularise la courbe, le terme de l'image E_{img} attire le contour aux formes recherchées, et le terme de contrainte E_{con}, restreint l'espace des solutions. Chaque terme crée son propre champ de potentiel et le contour ajuste activement sa position et sa forme jusqu'à ce qu'il atteigne un minimum local.

Le terme d'énergie interne gère la régularité de la courbe et est donné par :

$$E(C(p)) = w_{tension}(C(p)) \left| \frac{\partial C}{\partial p}(p) \right|^2 + w_{rigidié}(C(p)) \left| \frac{\partial^2 C}{\partial p^2}(p) \right|^2 \qquad (1.2)$$

où le terme de premier ordre conduit le snake à se comporter comme une membrane (c'est-à-dire résistant à la tension), pendant que le second terme empêche le snake de se courber. Les poids $\{w_{tension}, w_{rigidié}\}$ contrôlent l'importance relative des deux termes. Les coins peuvent être développés par la courbe en choisissant $w_{rigidié}$ égal à zéro, car dans ce cas-là, le snake peut avoir une tangente discontinue.

Le terme d'énergie liée à l'image est obtenu à partir des données observées, où le snake peut être attiré par les lignes, les bords ou les terminaisons, est donné par :

$$E_{img}(C(p)) = w_{ligne}E_{ligne}(C(p)) + w_{bord}E_{bord}(C(p)) + w_{term}E_{term}(C(p)) \qquad (1.3)$$

où $\{w_{ligne}, w_{bord}, w_{term}\}$ sont des poids constants. Dans la plupart des cas, le terme *ligne* est défini par la fonction image suivante :

$$E_{ligne}(C(p)) = I(C(p)) \qquad (1.4)$$

de cette façon si ligne w_{ligne} est positif, le snake est attiré par les lignes noires, et s'il est négatif, il est attiré par les lignes blanches. Le terme bord est défini par :

$$E_{ligne}(C(p)) = |\nabla I(C(p))|^2 \qquad (1.5)$$

et pousse le snake vers les gradients importants de l'image (normalement w_{bord} est négatif). Finalement le terme *terminaison* permet le développement des terminaisons (c'est-à-dire, la fin de lignes) ou les coins, et est donnée par :

$$E_{term}(C(p)) = \frac{\partial \theta(C(p))}{\partial n_t(C(p))} \qquad (1.6)$$

où $\theta(x,y)$ est la direction du gradient le long du snake et $n_t(C(p))$ est le vecteur unitaire perpendiculaire à la direction du gradient.

Finalement, l'énergie externe est dérivée normalement des contraintes imposées par la nature des applications, et peuvent incorporer les connaissances d'un niveau plus haut.

Après une bonne initialisation près du contour, le snake peut rapidement converger vers son énergie minimale, en utilisant une approche variationnelle.

Plusieurs propositions ont été faites pour améliorer la robustesse et la stabilité des snakes. Par exemple dans les travaux de Cohen [Cohen1991], une force de ballon (pour gonfler et dégonfler le snake) E_{bal} a été introduite dans le modèle du snake :

$$E[(C)(p)] = \int [\alpha E_{int}(C(p)) + \beta E_{img}(C(p)) + \gamma E_{con}(C(p)) + \delta E_{bal}(C(p))]dp \qquad (1.7)$$

donnée par :

$$E_{bal}(C(p)) = \frac{\partial C}{\partial p}(p) \times C(p) \qquad (1.8)$$

Ce nouveau terme constitue un potentiel de pression anisotrope qui contrôle l'évolution de l'aire enveloppée par le modèle et peut gonfler ou dégonfler le contour selon le signe de δ. Cette force aide le snake à dépasser les faux bords isolés dans l'image et s'oppose à sa tendance à se contracter. Le snake résultant est plus robuste par rapport à la position initiale de la courbe et au bruit de l'image, cependant l'intervention de l'utilisateur est nécessaire pour décider si une force gonflante ou dégonflante doit être utilisée au moment de l'initialisation.

1.3 Contours Actifs Géodésiques

Le modèle du contour actif géodésique [Caselles1995, Caselles1997] a été introduit comme une alternative géométrique aux snakes [Kass1987] et peut être considéré comme une extension du modèle classique du fait qu'il surmonte quelques défauts liés au modèle du snake.

Ce modèle est un cas particulier du modèle du snake sans contraintes de rigidité ($w_{rigidité} = 0$). Nous allons supposer que l'énergie de l'image est donnée seulement par la force des bords. Étant donné cela, un modèle simplifié du snake est considéré, donné par :

$$E[(C)(p)] = \alpha \int_0^1 \left| \frac{\partial C}{\partial p}(p) \right|^2 dp - \beta \int_0^1 |\nabla I(C(p))| dp \qquad (1.9)$$

où $\{\alpha \geq 0, \beta \geq 0\}$. L'interprétation de la fonctionnelle de l'éq. (1.9) est la suivante : elle essaie de repérer les courbes régulières qui correspondent aux bords des objets (points maxima $|\nabla I(C(p))|$).

Cette approche peut être modifiée pour mieux exprimer l'information des bords en introduisant une fonction monotone décroissante $g : [0, +\infty] \rightarrow \mathbb{R}^+$, de telle façon que $g(0) = 1$ et $g(x) \rightarrow 0$ quand $x \rightarrow \infty$ et en modifiant la fonction d'énergie de la manière suivante :

$$E[(C)(p)] = \alpha \int_0^1 \left| \frac{\partial C}{\partial p}(p) \right|^2 dp - \beta \int_0^1 g(|\nabla I(C(p))|)^2 dp \qquad (1.10)$$

L'interprétation de cette fonctionnelle est la suivante : l'équilibre de l'énergie de l'Éq. (1.10) correspond à une courbe régulière qui est composée de points des bords (les maxima de $|\nabla I(C(p))|$ donnent les minima pour g(.)). En plus, dans cette énergie seule la valeur relative de α par rapport à β compte, de cette façon la fonctionnelle d'énergie peut être écrite comme :

$$E[(C)(p)] = \alpha \int_0^1 \left| \frac{\partial C}{\partial p}(p) \right|^2 dp - (1-\alpha) \int_0^1 g(|\nabla I(C(p))|)^2 dp = \int (E_{int}(C(p)) + E_{ext}(C(p))) dp \qquad (1.11)$$

La définition de cette fonctionnelle n'est pas intrinsèque car elle dépend du paramètre p ce qui est un désavantage important, car il n'est pas naturel pour un problème de détection de contours de dépendre du paramètre de la représentation.

Ces problèmes ont été résolus initialement par Caselles *et al.* [Caselles1995] et après par Aubert *et al.* [Aubert1999] où il a été prouvé que la minimisation de la fonction d'énergie (Éq. 1.11) est équivalente à la minimisation de la courbe géodésique donnée par :

$$E[(C)(p)] = \underbrace{\int_0^L g(|\nabla I(C(s))|)ds}_{\text{Contour Actif Géodesique}} = \int_0^1 \underbrace{g(|\nabla I(C(p))|)}_{\text{Terme d'Attraction}} \underbrace{\left|\frac{\partial C}{\partial t}(p)\right|}_{\text{Terme de Régularisation}} dp \qquad (1.12)$$

où ds est la longueur d'arc euclidienne et L est la longueur de $C(p)$. C'est-à-dire lorsqu'on essaie de détecter un objet, on tache de trouver la courbe géodésique qui prend en compte de la meilleure manière les caractéristiques souhaitées de l'image.

La minimisation de la fonction objective est réalisée par une méthode de descente de gradient. Par conséquent, les équations de Euler-Lagrange sont calculées pour l'équation (1.12) et selon elles, la courbe initiale $C_0(\cdot)$ est déformée vers un minimum (local) d'$E[(C)(p)]$ par l'équation suivante :

$$\frac{\partial C}{\partial t} = \underbrace{g(|\nabla I|)\kappa N}_{\text{force de bords}} - \underbrace{(\nabla g(|\nabla I|) \cdot N)N}_{\text{force de raffinement}} \qquad (1.13)$$

où t indique le temps avec lequel le contour évolue, N est le vecteur normal euclidien intérieur de la courbe $C(p,t)$, et κ est la courbure euclidienne $\kappa = \text{div}\left(\frac{\nabla I}{|\nabla I|}\right)$. L'équation d'évolution ci-dessus a une interprétation simple : chaque point du contour doit se déplacer dans la direction normale pour diminuer la longueur pondérée de C. Il y a deux forces sur le contour, les deux en direction de la normale intérieure.

La première force déplace la courbe vers les bords de l'objet. Le terme en fonction de la courbure assure la régularité pendant la propagation. Cette force n'affecte pas la propagation quand la courbure est zéro (les cas de lignes) ($\kappa(C(p,t)) = 0$) où les bords réels des objets ont été atteints ($g(|\nabla I(C(p,t))|) = 0$).

La seconde force est applicable seulement autour des bords réels des objets ($\nabla g(|\nabla I|) \neq 0$) et elle sert à attirer la courbe aux bords de l'objet réel.

Pour réduire le temps de convergence et gérer les minima locaux, l'équation proposée par Caselles *et al.* [Caselles1997] est :

$$\frac{\partial C}{\partial t} = g(|\nabla I|)(c_1 + c_2\kappa)N - (\nabla g(|\nabla I|) \cdot N)N \qquad (1.14)$$

où $\{c_1 \in [0,1], c_2 \in [1,2]\}$ sont des constantes positives. c_1 est une force d'expansion/contraction et c_2 est la constante de régularité.

Le modèle du Contour Actif Géodésique a plusieurs avantages par rapport au snake classique : il ne dépend pas du paramétrage et il n'est pas sensible au choix des conditions initiales.

1.4 Méthode d'Ensembles de Niveau Zéro (Level Sets)

Nous présentons dans cette section les méthodes numériques utilisées par les Contours Actifs Géodésiques pour la simulation de l'évolution des courbes planes et des surfaces soumises à une équation

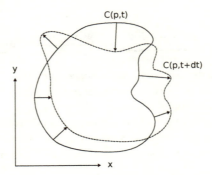

FIGURE 1.1: La courbe C évolue selon $\frac{\partial C}{\partial t} = \beta N$, chaque point avance en direction normale à la courbe avec une vitesse β.

de propagation. Il s'agit des Level Set Methods [Sethian1999] ou « Méthodes d'Ensembles de Niveau Zéro ».

La méthode des Ensembles de Niveau Zéro est une méthode de simulation numérique utilisée pour l'évolution des courbes et des surfaces dans les domaines discrets. Cette méthode permet de faire évoluer une courbe paramétrique fermée $C(p)$ suivant une équation du type $\frac{\partial C}{\partial t} = \beta N$ où t est le temps, β est la vitesse d'évolution et N est la normale unitaire à la courbe. Chaque point de la courbe C avance en direction normale à la courbe avec une vitesse β (cf. figure 1.1).

L'avantage principal de cette méthode est la possibilité de gérer automatiquement le changement de topologie de la courbe en évolution : C peut se diviser et former deux ou trois courbes, ou bien plusieurs courbes peuvent fusionner et devenir une seule courbe. La méthode des Ensembles de Niveau Zéro est capable de faire cela car elle utilise une fonction d'un ordre supérieur $u : \mathbb{R}^{N+1} \to \mathbb{R}^N$ pour simuler C, C étant le niveau zéro de cette courbe d'ordre supérieur $C(t) = \{x, y \in \mathbb{R} : u(x, y, t) = 0\}$ (cf. figure 1.2). Le niveau zéro (C) peut se diviser tandis que la fonction u reste continue.

La fonction d'ordre supérieur utilisée normalement est la distance algébrique à la courbe C. Alors, si notre courbe $C(p)$ est une courbe paramétrique plane (dimension 1) la fonction utilisée pour sa représentation et pour simuler son évolution sera un plan $u(x, y)$ (dimension 2) à valeurs réels.

Pour une courbe plane $C(p)$, un tableau bidimensionnel de nombres réels $u(x, y)$ est utilisé pour sa représentation. L'évolution de la courbe signifie la mise à jour de tout le tableau $u(x, y)$.

D'abord on initialise (en $u(x, y)$) à zéro les pixels correspondant au passage de la courbe C, après il faut calculer pour le reste des éléments du tableau, la distance euclidienne à la courbe C, qui sera négative à l'intérieur et positive à l'extérieur. Autrement dit, le tableau bidimensionnel u sera rempli de la manière suivante : zéro tout le long de la courbe C, et la valeur de la distance euclidienne au

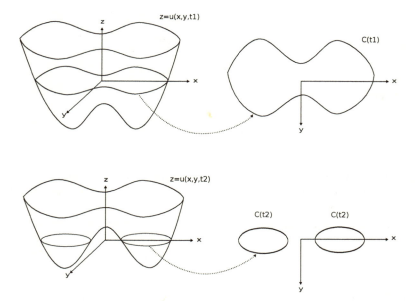

FIGURE 1.2: Le changement de topologie est géré automatiquement grâce à l'utilisation d'une fonction d'ordre supérieur pour la représentation de la courbe.

point le plus proche de la courbe pour tout le reste. S'il s'agit d'un élément à l'intérieur de la courbe C (c'est une courbe fermée) le signe de son contenu sera négatif.

On va faire évoluer $u(x,y)$ suivant l'équation $\frac{\partial u}{\partial t} = \beta|\nabla u|$ pour obtenir que $C(p)$ évolue selon $\frac{\partial C}{\partial t} = \beta N$.

L'implémentation numérique de cette évolution fait appel aux approximations des dérivées par différences finies de premier ordre (ici en 2D) :

$$D_{ij}^x = D_{ij}^x u = \frac{u_{i+1,j} - u_{i-1,j}}{2\Delta s} \quad \text{central} \quad D_{ij}^y = D_{ij}^y u = \frac{u_{i,j+1} - u_{i,j-1}}{2\Delta s}$$

$$D_{ij}^{+x} = D_{ij}^{+x} u = \frac{u_{i+1,j} - u_{i,j}}{\Delta s} \quad \text{forward} \quad D_{ij}^{+y} = D_{ij}^{+y} u = \frac{u_{i,j+1} - u_{i,j}}{\Delta s}$$

$$D_{ij}^{-x} = D_{ij}^{-x} u = \frac{u_{i,j} - u_{i-1,j}}{\Delta s} \quad \text{backward} \quad D_{ij}^{-y} = D_{ij}^{-y} u = \frac{u_{i,j} - u_{i,j-1}}{\Delta s}$$

et celle de deuxième ordre centrée (central) :

$$D2_{ij}^x = \frac{u_{i+1,j} - 2u_{i,j} + u_{i-1,j}}{\Delta s^2} \quad \text{central} \quad D2_{ij}^y = \frac{u_{i,j+1} - 2u_{i,j} + u_{i,j-1}}{\Delta s^2}$$

où

$u_{i+1,j}$ est la valeur du tableau u dans la position $x = i+1, y = j$ (un nombre réel).

Δs est l'incrément de l'espace (normalement l'unité) et représente la distance entre deux éléments contigus du maillage.

de cette façon, le schéma le plus simple que propose Sethian pour faire évoluer $u(x,y)$ est

$$u_{ij}^{n+1} = u_{ij}^n - \Delta t[\max(\beta_{ij},0)\nabla^+ + \min(\beta_{ij},0)\nabla^-] \tag{1.15}$$

où

$\nabla^+ = [max(D_{ij}^{-x},0)^2 + min(D_{ij}^{+x},0)^2 + max(D_{ij}^{-y},0)^2 + min(D_{ij}^{+y},0)^2]^{1/2}$

$\nabla^- = [max(D_{ij}^{+x},0)^2 + min(D_{ij}^{-x},0)^2 + max(D_{ij}^{+y},0)^2 + min(D_{ij}^{-y},0)^2]^{1/2}$

n représente le temps discret

Δt est l'incrément de temps

β_{ij} est la vitesse d'évolution souhaitée pour le point de u (et ainsi de C) avec $x = i, y = j$

Pour l'implémentation des contours actifs géodésiques, le calcul de la courbure locale en chaque point de la courbe est nécessaire. Cependant ce calcul est coûteux. De plus, pour certaines implémentations d'évolution de courbes, il est nécessaire de calculer la courbure non seulement sur la courbe mais dans tout le domaine d'évolution. Cela est très coûteux, même avec les méthodes à bandes étroites qui ne mettent à jour qu'une partie du domaine délimitée par deux courbes (les bandes) qui entourent la courbe évoluant.

La courbure locale dans un point de C peut être calculée à partir de u en utilisant les différences finies centrales avec la formule :

$$\kappa = \frac{u_{xx}u_y^2 - 2u_x u_y u_{xy} + u_{yy}u_x^2}{(u_x^2 + u_y^2)^{3/2}}$$

Pour une implémentation en 3D il y a deux possibilités pour le calcul de la courbure : la courbure moyenne et la courbure gaussienne.

$$\kappa_M = \nabla \cdot \frac{\nabla u}{|\nabla u|} = \frac{\left\{ \begin{array}{c} (u_{yy} + u_{zz})u_x^2 + (u_{xx} + u_{zz})u_y^2 + (u_{xx} + u_{yy})u_z^2 \\ -2u_x u_y u_{xy} - 2u_x u_z u_{xz} - 2u_y u_z u_{yz} \end{array} \right\}}{(u_x^2 + u_y^2 + u_z^2)^{3/2}}$$

$$\kappa_G = \frac{\left\{ \begin{array}{c} (u_{yy}u_{zz} - u_{xy}^2)u_x^2 + (u_{xx}u_{zz} - u_{xz}^2)u_y^2 + (u_{xx}u_{yy} - u_{xy}^2)u_z^2 \\ +2[u_x u_y(u_{xz}u_{yz} - u_{xy}u_{zz}) + u_y u_z(u_{xy}u_{xz} - u_{yz}u_{xx}) + u_x u_z(u_{xy}u_{yz} - u_{xz}u_{yy})] \end{array} \right\}}{(u_x^2 + u_y^2 + u_z^2)^2}$$

En outre, dans ces méthodes il est toujours nécessaire de réinitialiser la fonction distance. Cela consiste à recalculer la fonction distance à partir de la position actuelle de la courbe (niveau zéro). Une tâche qui prend un temps considérable, surtout en 3D.

Paragios [Paragios2000] a proposé un algorithme qui ne résout pas l'équation d'évolution mais qui fait propager le front plus rapidement. Il s'agit d'une simplification dans l'implémentation des ENZ.

Nous allons présenter dans la section suivante, la première méthode que nous proposons pour l'évolution de courbes, il s'agit aussi d'une simplification qui ne résout pas non plus exactement l'EDP, cependant elle est très différente des ENZ.

1.5 Contours Actifs Morphologiques

Dans cette section, nous présentons une nouvelle méthode de propagation de fronts d'onde pour la segmentation d'image inspirée du modèle de contours actifs géodésiques. Nous proposons un **contour actif morphologique** comme une alternative à l'implémentation de la théorie d'évolution de courbes, pour surmonter la complexité des algorithmes existants et réduire le temps de calcul. Cette méthode utilise des opérateurs de morphologie mathématique binaire combinés avec des substitutions de configurations prédéfinies dans une fenêtre de 3×3 pixels. Ces substitutions représentent une approximation de l'évolution de la courbe en fonction de sa courbure locale. Deux types d'images ont été segmentées et les résultats sont encourageants. Les tests ont montré la robustesse de l'algorithme. L'approche proposée permet de gérer automatiquement les changements de topologie et son adaptation aux dimensions supérieures est facile.

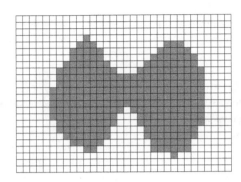

FIGURE 1.3: La simulation de l'évolution de la courbe est effectué sur une image binaire.

Nous reprenons l'équation d'évolution proposée par les contours actifs géodésiques Éq. (1.14), en négligeant le terme de raffinement nous obtenons l'équation (1.21). Trois termes composent la vitesse d'évolution de la courbe C : une composante **constante** $c_1 N$, une composante de régularisation $c_2 \kappa N$ (dépendante de la courbure) et une composante (g) **liée à l'image à segmenter** (I).

$$\frac{\partial C}{\partial t} = g(I)(c_1 + c_2 \kappa)N \qquad (1.16)$$

où κ est la courbure et N est la normale unitaire à la courbe.

Le terme dépendant de la courbure $c_2 N$ est utilisé pour la régularisation de la courbe et il fournit une rigidité à la courbe. Le terme constant c_1 pousse chaque point de la courbe en direction normale à la courbe, vers l'intérieur si c_1 est négatif et vers l'extérieur s'il est positif. Le terme lié à l'image $g(I)$ est utilisé pour arrêter l'évolution de la courbe (*i.e.,* sur le contour de l'image). Normalement $g(I) = \frac{1}{1+|\nabla \hat{I}|^p}$ où $\hat{I}$ est une version de l'image I lissée par une gaussiene et p vaut 1 ou 2.

1.5.1 Initialisation de la courbe

Le domaine où a lieu la simulation de l'évolution de la courbe est un **tableau bidimensionnel à valeurs binaires**. La courbe est initialisée tout simplement en dessinant une région dans une image binaire : 1 pour chaque pixel appartenant à la région et 0 pour les pixels n'appartenant pas à la région (cf. figure 1.3). La courbe qui évolue est définie par **le bord de la région binaire.** (cf. figure 1.4) et peut être obtenue avec une détection de contours morphologique : image - érosion(image).

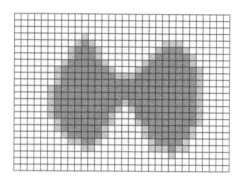

FIGURE 1.4: La courbe qui évolue est définie par le bord de la région binaire (ici en gris clair).

1.5.2 Évolution avec une vitesse constante

Les algorithmes classiques de propagation de fronts (snakes) **calculent** la vitesse d'évolution pour chaque point de la courbe et ils estiment la nouvelle position des points, puis effectuent une **mise à jour de la courbe en un seul pas**, à chaque itération du processus d'évolution. Les méthodes basées sur les ensembles de niveaux **calculent** aussi dans chaque itération la valeur correspondant à chaque élément du maillage et réalisent une mise à jour de la fonction d'ordre supérieur en un seul pas. Les contours actifs morphologiques **ne calculent pas** une vitesse d'évolution mais effectuent une évolution de la courbe qui essaie d'**imiter** l'évolution selon cette vitesse. A chaque itération dans le processus d'évolution, la mise à jour de la courbe est effectuée en deux étapes : l'évolution dépendant de la courbure et l'évolution avec une vitesse constante. L'image à segmenter est prise en compte pendant les deux étapes.

Notre algorithme effectue l'évolution de la courbe **avec une vitesse constante** en effectuant des érosions ou dilatations morphologiques [Serra1982] sur l'image binaire (avec un élément structurant de voisinage 4, le cercle unitaire). Les érosions simulent une évolution de la courbe avec une vitesse constante négative. Chaque point avance vers l'intérieur de la courbe en direction normale à la courbe. Les dilatations simulent une évolution de la courbe avec une vitesse constante positive. Chaque point avance vers l'extérieur de la courbe en direction normale à la courbe.

1.5.3 Simulation de l'évolution en fonction de la courbure

La figure 1.5 montre un exemple d'un front qui se propage en fonction de sa courbure locale, les flèches indiquent la direction de propagation, les concavités de la courbe ont tendance à avancer vers l'extérieure de la courbe, et à l'inverse, les parties convexes de la courbe ont tendance à reculer.

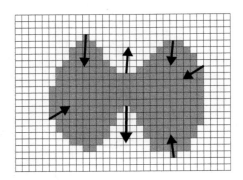

FIGURE 1.5: L'évolution en fonction de la courbure.

Une approximation à l'évolution de la courbe en fonction de la courbure (cf. 1.5) est effectuée en réalisant des substitutions avec certaines configurations de 3×3 pixels <u>sur le bord de la région</u> (cf. fig. 1.6). Ces configurations représentent, dans un domaine discret, les différents cas de passage de la courbe par un pixel (avec des valeurs de courbure caractéristiques). Les substitutions de ces configurations simulent l'évolution de la courbe en fonction de la courbure (cf. fig. 1.7). La figure 1.8 montre les différentes configurations possibles, où les pixels obscurs appartiennent à la région. La liste complète peut être créée à partir des rotations et symétries des configurations présentées.

Les configurations n'apparaissant pas sur la figure 1.8 restent sans modification. Ainsi, le lecteur peut observer que toutes les lignes verticales, horizontales et diagonales sont préservées. En général, toutes les lignes droites sont préservées (cf. figure 1.9), celles qui ont un angle différent de 0°, 90° ou 45° sont respectées grâce à l'action conjointe des deux dernières configurations (cf. figure 1.6) **appelées arbitrairement « convexe » et « concave »**. Les autres configurations ont été nommées **« de priorité 1 »** car elles représentent les cas où la valeur de la courbure est plus importante.

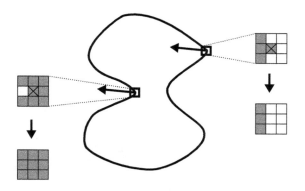

FIGURE 1.6: Changement dans une fenêtre de 3×3.

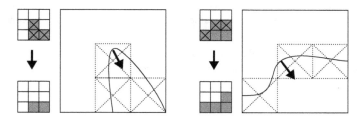

FIGURE 1.7: Deux exemples de l'approximation de l'évolution de la courbe en fonction de la courbure pour une fenêtre de 3×3 pixels.

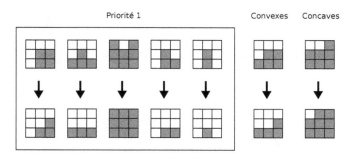

FIGURE 1.8: Substitutions pour effectuer l'évolution en fonction de la courbure.

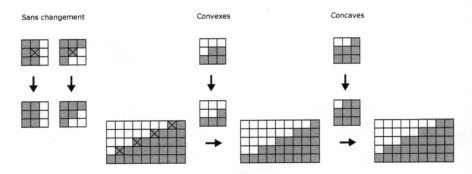

FIGURE 1.9: Les droites sont respectées. Comme il n'existe pas de configuration dans notre liste qui correspondent à une ligne horizontale, ni diagonale (à gauche), l'algorithme n'effectue pas de modifications dans ces cas-là. L'action alternée de configurations « convexes » et « concaves » préserve les autres lignes droites, ici (à droite) les pixels marqués par une croix seront d'abord éliminés par les convexes et puis restituées par les concaves.

Si toutes les substitutions sont effectuées en même temps, une instabilité est générée dans l'évolution de la courbe. Pour résoudre ce problème, nous proposons un algorithme en 4 étapes :

1. Substitutions des configurations de Priorité 1

2. Substitutions des configurations Concaves

3. Substitutions des configurations de Priorité 1 (encore une fois)

4. Substitutions des configurations Convexes

Ces quatre étapes constituent une itération de l'évolution de la courbe en fonction de la courbure. L'algorithme complet d'évolution, prenant en compte les deux termes (le terme constant et le terme en fonction de la courbure), est présenté ci-dessous.

ALGORITHME DES CONTOURS ACTIFS MORPHOLOGIQUES EN 2D

DÉBUT

(1) Initialisation de la courbe

$$R(x,y,0) = \begin{cases} 1 & \text{si } (x,y) \text{ est à l'intérieur de la courbe } C \\ 0 & \text{autrement} \end{cases}$$

RÉPÉTER depuis $j = 1$, jusqu'à la convergence (*i.e.*, la courbe ne change plus après une itération du processus d'évolution)

$$R(x,y,j\Delta t) = R(x,y,(j-1)\Delta t)$$

DÉBUT

(2) Substitutions des configurations de Priorité 1 dans le bord de la région

(3) Substitutions des configurations Concaves dans le bord de la région

(4) Substitutions des configurations de Priorité 1 dans le bord de la région

(5) Substitutions des configurations Convexes dans le bord de la région

(6) Substitutions des configurations de Priorité 1 dans le bord de la région

(7) Érosion/Dilatation conditionnelle :

$$R(x,y,j\Delta t) = \begin{cases} \text{Dilatation}(R(x,y,(j-1)\Delta t)) & \forall (x,y) \in \text{contour}(R), g(I(x,y)) = 1 \\ \text{Erosion}(R(x,y,(j-1)\Delta t)) & \forall (x,y) \in \text{contour}(R), g(I(x,y)) = 0 \\ R(x,y,(j-1)\Delta t) & \text{autrement} \end{cases}$$

FIN

FIN

où

$\text{Erosion}(u(x,y)) = \min(u(x,y), u(x+1,y), u(x-1,y), u(x,y+1), u(x,y-1))$

$\text{Erosion}(u(x,y)) = \max(u(x,y), u(x+1,y), u(x-1,y), u(x,y+1), u(x,y-1))$

$g(I) : \mathbb{Z}^2 \to \{0,1\}$ est une fonction binaire indiquant si $I(x,y)$ satisfait ou pas le critère d'arrêt de la courbe *e.g.*, $\nabla I(x,y) > $ seuil ou estimation-texture$(I(x,y), 5 \times 5) > $ seuil.

1.5.4 Prise en compte de l'image d'entrée (critère d'arrêt)

Avant de réaliser une substitution, une érosion ou une dilatation sur un pixel du bord de la région évoluant $R(x,y)$, il faut vérifier si le pixel $I(x,y)$ dans l'image à segmenter correspond au critère d'arrêt (par exemple si la valeur du pixel se trouve entre deux seuils). Si c'est le cas, l'opération n'est pas réalisée. De cette façon l'évolution de la courbe converge vers les points qui satisfont le critère d'arrêt. Un autre exemple de critère peut être $\nabla I(x,y) > $ seuil. Ce seuil ou les deux seuils, dans le cas d'un double seuillage, constituent **le seul paramètre à régler** de la méthode de contours actifs morphologiques.

FIGURE 1.10: Adressage direct. Les 8 pixels (noir ou blanc, 0 ou 1) constituent l'adresse de chaque configuration.

1.5.5 Détails de l'implémentation

Pour manipuler toutes les configurations, on peut utiliser évidemment une LUT. Cependant puisque le pixel central est toujours noir (appartenant au bord de la région) seuls 8 pixels sont considérés. Ainsi on peut utiliser une stratégie plus rapide : les 8 pixels constitueront l'adresse (cf. figure 1.10) d'un tableau d'une longueur 256 contenant toutes les configurations de la figure 1.8, de même que leurs rotations et symétries. Les substitutions des configurations équivalent à effectuer des modifications (suppression ou ajout d'un pixel) sur ces configurations et on peut coder uniquement les modifications pour accélérer la substitution. Quelques configurations restent sans changement et on ne réalise pas de substitution. De cette manière la complexité de l'algorithme est réduite de $O(n)$ à $O(1)$. Le temps de calcul peut encore être réduit en travaillant avec une fenêtre de taille variable, englobant la courbe en évolution, à la place du domaine complet d'évolution (image entière).

Une limitation de notre méthode est montrée par la figure 1.11. La figure montre l'évolution d'une courbe qui est dépendante seulement de la courbure locale. Le terme constant n'intervient pas dans l'évolution. Quand une certaine valeur de la courbure est atteinte, les 4 étapes ne produisent plus de changement dans la courbe. Cette limitation est due à la taille (3×3) de la fenêtre utilisée pour représenter les configurations.

Dans les applications de détection de contours, les contours actifs fournissent des contours fermés, même si les bords des objets présentent des discontinuités comme celles présentes sur les contours subjectifs [Kass1987]. La limitation mentionnée ci-dessus, restreint l'applicabilité de notre méthode à des images dont la discontinuité des contours est inférieure à 8 pixels. Ce qui est le cas dans plusieurs applications pratiques, comme les exemples présentés dans les chapitres suivants.

Les points isolés (point qui satisfait le critère d'arrêt et qui n'appartient pas à un contour) sont simplement éliminés par les approches de contours actifs classiques et des ensembles de niveaux. Avec notre méthode, ces points sont détectés et isolés comme de petites régions. Un algorithme supplémentaire peut être utilisé, mais nous préférons ajouter une configuration avec un seul pixel à notre liste de la figure 1.8 (cf. fig. 1.12), qui supprime les pixels isolés. Toutefois il reste des petites régions de plus d'un pixel qui peuvent être supprimées à l'aide d'un algorithme simple d'élimination de régions dont la taille est inférieure à un certain nombre de pixels.

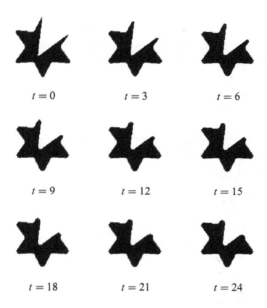

$t = 0$ $t = 3$ $t = 6$

$t = 9$ $t = 12$ $t = 15$

$t = 18$ $t = 21$ $t = 24$

FIGURE 1.11: Évolution de la courbe en fonction de la courbure locale. Après 24 itérations, la méthode ne produit aucun changement dans l'image.

FIGURE 1.12: Configuration utilisée pour éliminer les pixels isolés.

1.5.6 Robustesse

Le réglage de la constante du terme de régularisation dans l'équation d'évolution de la courbe du modèle des Contours actifs Géodésiques permet de modifier la rigidité de la courbe. Ce qui rend possible la segmentation d'images présentant des fortes discontinuités le long de bords des objets ainsi que la segmentation des images très bruitées. Cependant en augmentant la rigidité de la courbe, les contours obtenus sont de moins en moins précis. Alors il faut maintenir un compromis entre la finesse des contours et la tolérance aux fortes discontinuités. L'influence de la courbure locale dans l'évolution du front n'est pas réglable dans notre algorithme, ce qui est possible avec les méthodes reposant sur les ensembles de niveau zéro. C'est-à-dire, la rigidité de notre courbe est fixe. Cela peut être un problème lorsque les images à segmenter présentent des fortes discontinuités dans l'information des bords (bords très flous) ou bien lors d'une présence très importante de bruit dans l'image. Cette limitation de la méthode des contours actifs morphologiques nous a poussés vers le développement d'une autre méthode, plus puissante, permettant de régler l'influence du terme dépendant de la courbure dans l'évolution de la courbe, en restant aussi rapide, c'est le cas des régions actives morphologiques.

1.6 Diffusion Isotrope et Évolution de courbes

La façon la plus simple de lisser une image est d'en faire une convolution avec un filtre gaussien, centré en zéro, avec une variance t, de cette façon, nous avons $I(x,y,t) = I(x,y,t) * G_{0,t}$; pour différents variances t, nous obtenons différents niveaux de lissage. L'une des propriétés principales des filtres gaussiens est que $I(x,y,t)$ satisfait le flot linéaire de la chaleur ou équation laplacienne :

$$\frac{\partial I(x,y,t)}{\partial t} = \Delta I(x,y,t) = \frac{\partial^2 I(x,y,t)}{\partial x^2} + \frac{\partial^2 I(x,y,t)}{\partial y^2} \tag{1.17}$$

Ce flot est appelé aussi diffusion isotrope car il diffuse l'information de façon uniforme dans toutes les directions.

Un processus de filtrage reposant sur la diffusion isotrope a été proposé par Koenderink [Koenderink1990]. Merriman *et al.* [Merriman1992, Merriman1994] ont découvert le rapport entre ce filtrage et un flot dépendant de la courbure et puis Ruutt *et al.* [Ruutt1998] ont proposé un algorithme rapide.

1.7 Régions Actives Morphologiques

Dans cette section nous proposons un autre algorithme de propagation de front, plus stable, plus robuste, plus élégant et plus rapide que les contours actifs morphologiques. Ce nouveau schéma permet de prendre en compte automatiquement les informations région de l'image d'entrée. C'est-à-dire que l'information de l'image d'entrée entière peut être prise en compte à tout moment de l'évolution de

FIGURE 1.13: Domaine de calcul des régions actives morphologiques. A gauche, la région utilisée pour la simulation, au milieu, sa représentation tridimensionnelle et à droite, la courbe évoluant.

la courbe et pas seulement lorsque la courbe se trouve près de cette information. La méthode permet le changement automatique de topologie de la courbe et l'extension de la méthode à trois dimensions est directe. Cette méthode peut être considérée comme une variante de la méthode de propagation d'un front par diffusion anisotrope présentée par Venegas *et al.* [Venegas2001]. La méthode repose sur l'utilisation d'une diffusion isotrope suivie d'une érosion/dilatation morphologique en niveaux de gris.

1.7.1 Initialisation de la région

Le domaine d'évolution des régions actives morphologiques est une image à valeurs réelles bornées $u : \mathbb{Z}^2 \to [0,1]$, la courbe est définie comme l'ensemble de niveaux de valeur $1/2 : C = \{x,y \in \mathbb{Z} : u(x,y,t) = 1/2\}$ (cf. figure 1.13).

La région est initialisée en mettant à 1 les pixels qui sont à l'intérieur de la courbe et 0 ceux qui sont à l'extérieur.

1.7.2 Propagation du front

Nous reprenons l'équation (1.21), $\frac{\partial C}{\partial t} = g(I)(c_1 + c_2 \kappa)N$ utilisée par les contours actifs morphologiques.

Nous rappelons que le terme $c_1 N$ correspond à une vitesse constante en direction normale à la courbe et que le terme $c_2 \kappa N$, où κ est la courbure locale, fournit la rigidité de la courbe. Le terme $g(I)$ est connu comme critère d'arrêt de la courbe et il est construit en fonction des données de l'image d'entrée (*e.g.*, gradients, information région comme la texture, etc.). Ce terme est utilisé pour faire arrêter l'évolution de la courbe.

De la même façon que les contours actifs morphologiques, les régions actives morphologiques simulent une propagation de fronts suivant l'Éq. (1.21). A différence des méthodes classiques, la méthode proposée **ne calcule pas** la courbure, mais effectue l'évolution de la courbe en fonction de cette courbure en réalisant une diffusion isotrope.

Une itération du processus d'évolution consiste en deux étapes :

1. Diffusion Isotrope

2. Érosion ou Dilatation Morphologique

La diffusion isotrope est effectuée par la convolution de la fonction avec une gaussienne. La figure 1.14 montre l'évolution d'une courbe par diffusion isotrope, à chaque itération : à gauche, la fonction utilisée pour simuler l'évolution, au centre, une représentation tridimensionnelle de cette fonction et à droite, la courbe résultant. Il faut noter que ce flot avance selon la courbure locale de la courbe.

L'érosion morphologique simule l'évolution de la courbe en direction normale se propageant vers l'intérieur de la courbe ainsi que la dilatation simule l'évolution vers l'extérieur (cf. figure 1.15 et figure 1.16). La figure 1.17 montre 4 itérations dans le processus d'évolution d'une courbe, dans chaque itération, la fonction utilisée (à gauche) et la courbe (à droite) sont montrées. Dans chaque itération, une diffusion isotrope suivie d'une érosion est effectuée. Ce qui équivaut à ajouter une constante à la vitesse d'évolution dépendante de la courbure (mouvement affine). La courbe avance vers l'intérieur en direction de sa normale locale. La figure 1.18 montre le cas contraire, une courbe qui avance vers l'extérieur sous l'effet des dilatations tout en pressentant une rigidité grâce aux diffusions isotropes.

La courbe peut être extraite à tout moment au niveau pixelique en appliquant un seuil de 1/2 et récupérant le bord ; ou au niveau subpixelique en réalisant une interpolation linéaire, utilisant les « marching squares » en 2D ou les « marching cubes » en 3D [Lorensen1987].

On suppose que le problème auquel sera appliqué la propagation de fronts nécessite l'initialisation d'une courbe qui enveloppe les objets (par exemple pour un cas détection de contours), c'est comme cela que notre schéma d'évolution a été établi. Cependant s'il s'agit du cas contraire, c'est-à-dire que la courbe initiale (ou courbes initiales) doit être petite et se situer à l'intérieur de l'objet, il suffit d'inverser l'utilisation des érosions et dilatations.

Il existe aussi le cas de la poursuite d'objets où parfois une partie de la courbe est à l'intérieur de l'objet tandis qu'une autre partie est à l'extérieur de l'objet. Ici le premier schéma d'évolution est utilisé. L'algorithme complet des régions actives morphologiques est présenté dans la suite.

ALGORITHME DES RÉGIONS ACTIVES MORPHOLOGIQUES EN 2D
DÉBUT
  (1) Initialisation de la courbe

$$R(x,y,0) = \begin{cases} 1 & \text{si } (x,y) \text{ est à l'iterieur de la courbe } C \\ 0 & \text{autrement} \end{cases}$$

  RÉPÉTER depuis $j = 1$, jusqu'à la convergence

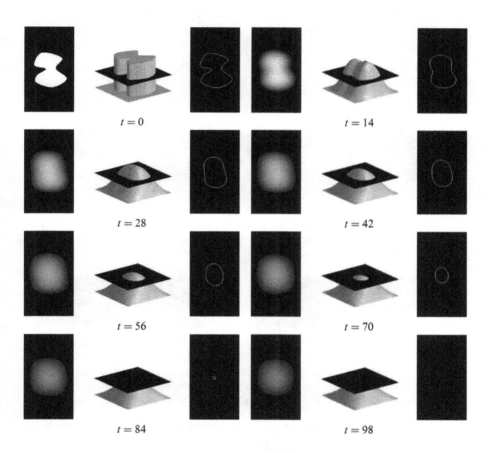

$t = 0$ $t = 14$

$t = 28$ $t = 42$

$t = 56$ $t = 70$

$t = 84$ $t = 98$

FIGURE 1.14: Évolution d'une courbe par diffusion isotrope. Dans chaque itération : à gauche, la fonction utilisée pour la simulation numérique, au centre, une représentation tridimensionnelle de cette image et à droite, la courbe obtenue. A chaque itération une convolution de la fonction avec une gaussienne de variance 0.5 est effectuée.

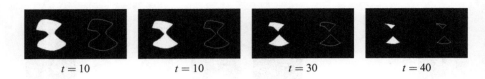

$t = 10$ $\qquad$ $t = 10$ $\qquad$ $t = 30$ $\qquad$ $t = 40$

FIGURE 1.15: Propagation d'un front par Érosion Morphologique. Dans chaque itération : à gauche, la fonction utilisée pour la simulation numérique et à droite, la courbe obtenue. La courbe se propage vers l'intérieur avec une vitesse constante.

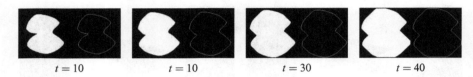

$t = 10$ $\qquad$ $t = 10$ $\qquad$ $t = 30$ $\qquad$ $t = 40$

FIGURE 1.16: Propagation d'un front par Dilatation Morphologique. Dans chaque itération : à gauche la fonction utilisée pour la simulation numérique et à droite la courbe obtenue. La courbe se propage vers l'extérieur avec une vitesse constante.

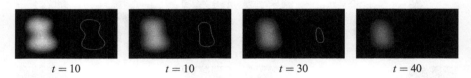

$t = 10$ $\qquad$ $t = 10$ $\qquad$ $t = 30$ $\qquad$ $t = 40$

FIGURE 1.17: Propagation d'un front par Diffusion Isotrope et Érosion Morphologique. Dans chaque itération : à gauche la fonction utilisée pour la simulation numérique et à droite la courbe obtenue. La courbe se propage vers l'intérieur conservant une régularité.

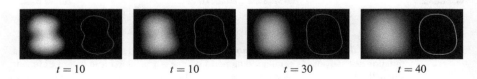

$t = 10$ $\qquad$ $t = 10$ $\qquad$ $t = 30$ $\qquad$ $t = 40$

FIGURE 1.18: Propagation d'un front par Diffusion Isotrope et Dilatation Morphologique. Dans chaque itération : à gauche la fonction utilisée pour la simulation numérique et à droite la courbe obtenue. La courbe se propage vers l'extérieur conservant une régularité.

DÉBUT

   (2) Diffusion Isotrope *i.e.*, $R(j\Delta t) = R((j-1)\Delta t * G$

   (3) Érosion/Dilatation conditionnelle

$$R(x,y,j\Delta t) = \begin{cases} \text{Dilatation}(R(x,y,(j-1)\Delta t)) & \text{si } g(I(x,y)) = 1 \\ & \text{ou } R(x,y,(j-1)\Delta t) > 1/2 \\ \text{Érosion}(R(x,y,(j-1)\Delta t)) & \text{autrement} \end{cases}$$

FIN

FIN

   Où

Erosion$(u(x,y)) = \min(u(x,y), u(x+1,y), u(x-1,y), u(x,y+1), u(x,y-1))$

Erosion$(u(x,y)) = \max(u(x,y), u(x+1,y), u(x-1,y), u(x,y+1), u(x,y-1))$

$g(I) : \mathbb{Z}^2 \to \{0,1\}$ est une fonction binaire indiquant si $I(x,y)$ satisfait ou pas le critère d'arrêt de la courbe *e.g.*, $\nabla I(x,y) >$ seuil ou estimation-texture$(I(x,y), 5 \times 5) >$ seuil.

La courbe $C = \{(x,y) : u(x,y,t) = 1/2\}$ peut être extraite à tout moment au niveau pixelique en appliquant un seuil de $1/2$ à sur R, ou estimée au niveau subpixelique en utilisant les « marching squares » en 2D ou les « marching cubes » en 3D.

Cet algorithme a été conçu d'abord pour les applications où toute la région est caractérisée par le critère d'arrêt $g(I)$ (*i.e.*, $g(I(x,y)) = 1$ si le pixel $I(x,y)$ appartient à la région) et il est valide pour toute initialisation de la courbe. Cependant pour la détection de contours ou d'autres applications où seul le bord des objets est caractérisé par $g(I)$, l'algorithme présenté au-dessus doit subir une modification pour un des deux cas possibles d'initialisation de la courbe. Les deux cas possibles sont les suivants :

1. La courbe initial englobe les objets à segmenter.

2. La courbe initiale se trouve à l'intérieur d(es) objet(s) à segmenter.

Pour le premier cas, l'algorithme n'est pas modifié, mais pour le deuxième cas il faut permuter les érosions et les dilatations. Cela correspond au choix du signe du terme constant c_1 de l'Éq (1.21) dans les algorithmes classiques.

1.7.3 Prise en compte de l'image d'entrée (critère d'arrêt)

Les données présentes ou calculées sur l'image d'entrée vont nous indiquer s'il faut effectuer une érosion ou une dilatation morphologique. C'est-à-dire, il faut construire une fonction binaire de la même façon que pour les contours actifs morphologiques.

Ainsi, si pour le pixel $I(x,y)$ dans l'image d'entrée la valeur correspond à un certain critère (souhaité) ou bien, si dans un certain rayon (le voisinage 4 par exemple) de $I(x,y)$, il y a un pixel dont la valeur corresponde à cette même critère : une dilatation sera effectuée, dans le cas contraire, une érosion sera effectuée.

25

1.8 Conclusions

Nous avons introduit deux nouveaux algorithmes de propagation d'onde qui sont rapides, simples et robustes à la fois. En ce qui concerne les contours actifs morphologiques, l'algorithme n'a pas de paramètres difficiles à régler pour la régularisation de la courbe. Il est entièrement calibré et prêt à être utilisé. Cela constitue un des principaux avantages mais aussi son inconvénient. Car il est moins robuste au bruit que les méthodes reposant sur les ensembles de niveaux zéro. Cette limitation est due principalement à la taille de la fenêtre utilisée. Une amélioration possible est l'utilisation d'une fenêtre plus grand, par exemple avec une fenêtre de 5×5, il est possible de couvrir des fréquences inférieures et ainsi augmenter la rigidité de la courbe, la mémoire nécessaire pour travailler avec un tableau qui contiene toutes les configurations est de 32 Mo, mais il faudrait prédéfinir toutes ces configurations. Par contre, une fenêtre de 7×7 nécessite un tableau de 512 Go.

Le deuxième algorithme, les régions actives morphologiques, est beaucoup plus simple à programmer, plus robuste et sa formulation est plus élégante, il est aussi plus rapide que le premier. Néanmoins un point faible demeure pour les deux algorithmes : la restriction d'utiliser une fonction binaire comme critère d'arrêt. Cette limitation peut être levée : si au lieu des érosions/dilatations morphologiques, nous réalisons une binarisation de l'image après la diffusion, avec un seuil variable en fonction de $I(x,y)$. Ce qui simulerait en même temps l'évolution en fonction de la courbure et avec une constante. Cette possibilité a été explorée par Venegas *et al.* [Venegas2002]. Un autre désavantage des régions actives morphologiques est le fait que après plusieurs itérations, la fonction devient trop lissée et doit être réinitialisée. Les chapitres suivantes montrent des applications de ces méthodes à la segmentation d'images 2D, segmentation en 3D et reconstruction 3D.

Chapitre 2

Segmentation 2D

2.1 Introduction

La segmentation d'images est un problème important dans le cadre de la vision par ordinateur, en particulier lors des traitements de bas niveau. Plusieurs méthodes ont été proposées pour traiter ce sujet. Parmi elles, les modèles déformables ou snakes, introduits par Kass *et al.* [Kass1987], reposant sur le paradigme qu'une méthode fournissant différentes réponses possibles dépendant du choix de certains termes est meilleure qu'une méthode apportant une seule réponse. Ce paradigme explique le succès de la segmentation d'images à l'aide des Contours Actifs [McInerney1996].

Ce chapitre présente quelques résultats de l'application des contours actifs morphologiques et des régions actives morphologiques à la segmentation d'images, les tests ont été faits d'abord sur des images de synthèse et puis sur des images réelles. La section 2.2 présente le résultat de la segmentation d'une image de synthèse par les contours actifs morphologiques. La section 2.3 présente la segmentation des images biologiques de l'Institut Pasteur par les contours actifs morphologiques. La section 2.4 montre des résultats de segmentation d'une image de synthèse par la méthode des régions actives morphologiques, quelques tests avec des différentes courbes initiales et différentes valeurs de rigidité de la courbe y sont présentés. Finalement la section 2.5 est consacrée aux conclusions.

2.2 Contours Actifs Morphologiques pour la Segmentation en 2D

La figure 2.1 montre une détection de contour par la méthode de contours actifs morphologiques sur une image synthétique bruitée. L'image de test a été créée de la manière suivante : on a d'abord créé les figures sur un fond blanc, ensuite on a ajouté du bruit aléatoire à 50%.

2.3 Applications biologiques

Nous avons travaillé en collaboration avec l'Institut Pasteur pour mettre au point nos algorithmes dans leur système de traitement d'images, particulièrement avec le docteur Vannary Meas-Yedid de

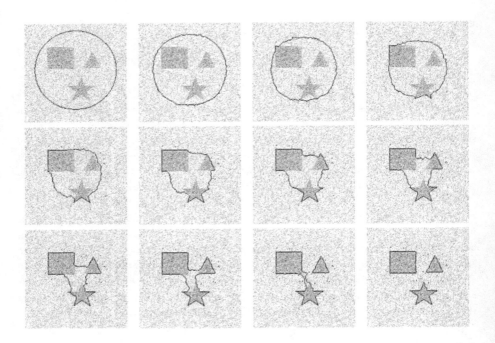

FIGURE 2.1: Détection de contours sur une image synthétique bruitée. Sur 120 itérations, une image sur dix est présentée. La taille de l'image est de 256×256. Le coût en temps est de 1,45 s. compris le temps d'initialisation de l'algorithme (PIII 450Mhz).

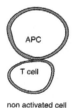

FIGURE 2.2: Configuration des interactions entre une lymphocyte T et une cellule présentatrice d'antigène. Lors d'une activation, la cellule T se déforme et une relocalisation des protéines responsables de ce phénomène s'effectue.

l'unité postulante d'analyse d'images quantitative. Plusieurs tests ont été réalisés sur leurs images biologiques.

Dans le cadre d'une application en recherche biologique, la disponibilité des nouvelles méthodes permettant d'analyser les étapes précoces de la réponse immunitaire peut être d'une grande utilité pour l'analyse du mode d'action de substances pharmacologiques pouvant agir sur une réponse immunitaire pathologique, tels que les rejets de greffe en transplantation, ou les maladies inflammatoires d'origine auto-immune, comme la polyarthrite rhumatoïde.

Le processus de réponse immunitaire débute par la reconnaissance de molécules étrangères à l'organisme (antigènes) par les lymphocytes T. Ceci nécessite des interactions entre les lymphocytes T et d'autres cellules spécialisées, les cellules présentatrices d'antigène (APC). Lors de ces interactions, le lymphocyte T subit des changements morphologiques importants, qui lui permettent d'adapter sa surface à celle de la cellule présentatrice, facilitant ainsi le contact entre les récepteurs membranaires du lymphocyte et les antigènes disposés à la surface de la cellule présentatrice (cf. figure 2.2).

L'analyse du phénomène de réponse immune précoce a été bien étudiée de manière qualitative, mais pas de façon quantitative. L'approche quantitative nécessite une analyse automatique ou semi-automatique des images de microscopie.

Un aspect important de cette analyse est la mesure des changements morphologiques de la cellule T et la quantification locale de la concentration des molécules cellulaires responsables de ces phénomènes. Cette double quantification ainsi qu'une « corrélation » entre ces deux sources d'information se révèlent être utiles à la compréhension du processus de réponse immunitaire précoce.

Pour réaliser cette quantification, nous nous sommes intéressés dans un premier temps à l'extraction des contours des cellules, qui sera fournie par une phase de segmentation d'image. Pour pouvoir quantifier les changements morphologiques sur des images statiques, nous devons pouvoir distinguer une cellule T d'une APC, il faut donc après l'étape d'extraction des contours des cellules une phase d'analyse des formes qui ne sera pas détaillée ici, car nous nous intéresserons uniquement à la seg-

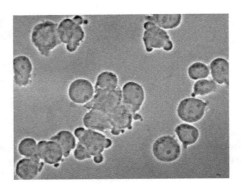

FIGURE 2.3: Sur une image en contraste de phase d'où peut être extraite la morphologie de la cellule.

mentation des images. Il en sera de même de la phase de quantification des molécules d'interaction.

Nous disposons, normalement, de plusieurs types d'images de microscopie. Une image en contraste de phase (cf. figure 2.3) qui donne la morphologie des cellules et deux images de fluorescence. La première, le DAPI (cf. figure 2.4) nous renseigne sur la présence du noyau et l'autre donne, par l'intensité des niveaux de gris, la concentration de molécules marquées. (cf. figure 2.5). Une approche par contour actif classique modifié a été testée [Meas-Yedid2000, Zimmer2001] qui donne des résultats assez satisfaisants mais qui nécessite d'avoir une bonne initialisation.

L'image qui sert comme critère d'arrêt, pour ce test, a été très simplement obtenue en seuillant l'image de contraste de phase. Ce qui explique des erreurs de segmentation, telle que la fusion de deux cellules voisines qui ne présentent pas de limite bien visible, sur l'image de contraste de phase. Ce résultat est intéressant mais a besoin d'être amélioré. Pour cela, nous pourrions utiliser les informations provenant de l'image de fluorescence et l'intégrer dans le critère d'arrêt.

Un autre test a été réalisé sur des images d'amibes. L'*entamoeba histolyca* est un parasite unicellulaire qui cause la dysenterie amibien chez les humains. Les mécanismes de virulence de l'amibe ne sont pas encore connus, mais ils dépendent de façon critique de leurs mouvements et de leurs propriétés morphologiques, qui contrôlent l'habilité de la cellule à phagocyter et à pénétrer le tissu hôte. Pour étudier ces propriétés, les biologistes réalisent observations videomicroscopiques de l'amibe *in vitro*, en utilisant différents mutants et plusieurs concentrations de molécules de signalisation. Pour ces études, il est essentiel de quantifier et comparer les caractéristiques du mouvement et de la forme de les cellules sous différentes conditions expérimentales. Cette information est utilisée pour caractériser l'effet des drogues potentielles contre la pathogénicité du parasite. Cette tâche nécessite une connaissance précise du contour de la cellule à chaque instant. Notre objectif dans ce contexte, est de

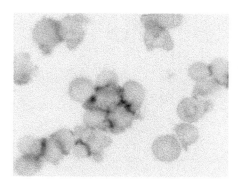

FIGURE 2.4: Image de fluorescence : cette image présente la concentration des molécules marquées.

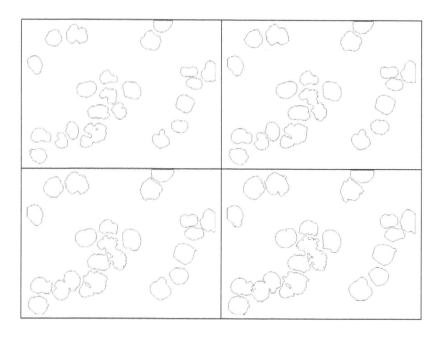

FIGURE 2.5: Résultat de la segmentation sur l'image de la figure 2.4

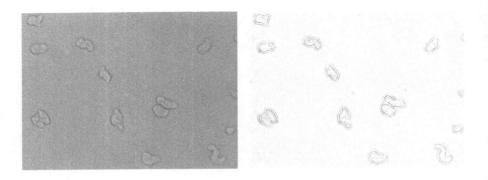

FIGURE 2.6: Image originale et résultat du filtre de détection de contours de Canny

détecter automatiquement les contours dans les cellules et suivre leur évolution dans le temps à travers les séquences. Étant donné le caractère extrêmement déformable des cellules et la bonne résolution temporelle des données, les contours actifs semblent particulièrement adéquats pour ce problème. Dans un autre travail, une approche de type Gradient Vector Flow [Meas-Yedid2000, Xu1998] combinée avec un contour actif topologique [Zimmer 2001] a été implémenté pour segmenter la séquence d'images et les résultats sont bons, cependant quelques problèmes restent. Notamment les problèmes d'initialisation et de topologie ne sont pas bien gérés. L'initialisation dans la première image est faite grossièrement en dessinant manuellement des polygone autour chaque cellule. Pour les images suivantes, les contours détectés des images précédentes sont utilisés comme initialisation du modèle. Mais avec cette méthode les nouveaux objets qui apparaissent dans le plan focal ne peuvent pas être détectés automatiquement. La méthode présentée surmonte ce problème (cf. figure 2.7), et même avec un grand rectangle sur l'image entière (720, 540) comme intialisation de la courbe, l'algorithme est rapide.

La figure 2.6 montre quelques résultats préliminaires où tous les ensembles d'objets sont détectés correctement, même si deux cellules jointives sont considérées comme une seule cellule. Une autre initialisation, de l'intérieur, pourrait être envisagée. Nous pouvons également noter qu'une meilleure précision pourrait être obtenue en utilisant d'autres critères d'arrêt.

Cependant ces résultats montrent que le changement de topologie est géré automatiquement par notre algorithme permettant de résoudre le problème d'initialisation automatique du GVF et que la méthode est rapide et robuste par rapport au bruit.

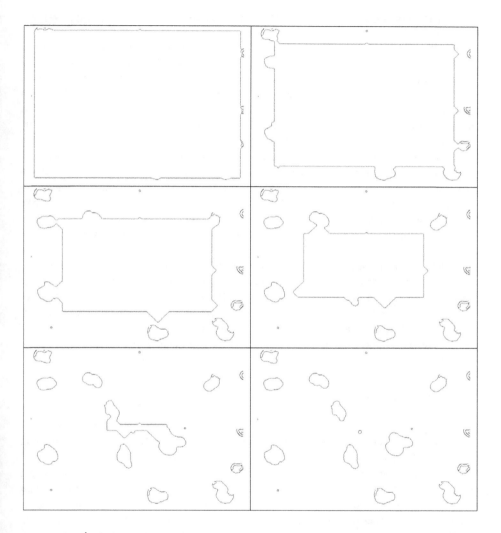

FIGURE 2.7: Évolution de la courbe sur une image d'amibe, le critère d'arrêt est définie à partir d'un seuil sur une image de Canny. Taille de l'image : 720×540. 300 itérations ont été nécessaires.

2.4 Régions Actives Morphologiques pour la Segmentation en 2D

Nous allons présenter quelques tests sur une même image de synthèse, c'est en effet la même image qui utilisée pour le premier test des contours actifs morphologiques. La figure 2.8 montre quelques itérations du processus d'évolution d'une courbe par la méthode des régions actives morphologiques, la courbe initiale enveloppe les objets à segmenter. La figure 2.9 présente une segmentation des mêmes objets, mais cette fois, la courbe initial recouvre seulement une partie des objets à segmenter. Les objets sont également bien segmentés. Dans ces deux exemples, la fonction qui caractérise les objets est un simple seuil sur le niveau de gris de l'image à segmenter, c'est-à-dire, une information région indiquant si la région évoluant se trouve ou non sur l'objet à segmenter. Cette fonction pourrait être aussi un descripteur de texture, pour la segmentations des objets texturés. La figure 2.10 montre la segmentation de la même image avec différentes niveaux de rigidité de la courbe : en haut, la première propagation sans régularisation (pas de diffusion de la région utilisée pour la simulation). Au centre avec une rigidité moyenne, le filtre gaussien utilisé pour la diffusion a une variance de 0.5. En bas, avec une forte rigidité : avec une variance de 2. Notez que les détails des contours segmentés sont moins fins.

La figure 2.11 montre la poursuite d'une cellule par une région active morphologique. Les images ont un taille de 720×480 pixels. Nous avons essayé de caractériser plutôt le fond qui est plus ou moins uniforme et ne change pas de couleur. La cellule a été donc « caractérisée » de la manière suivante : si la valeur de couleur du pixel de l'image est inférieure à un certain seuil (correspondant au fond), le pixel appartient à la cellule. Évidemment avec un fond plus complexe cela ne fonctionne pas. Dans ce cas, un descripteur de texture peut être utilisée, par exemple, pour caractériser la cellule [Paragios1999].

2.5 Conclusions

Quelques tests ont été réalisés sur des images de synthèse et sur des images biologiques pour les contours actifs morphologiques, les résultats sont encourageants, mais les images utilisées sont relativement « propres » et les objets bien définies, faciles à segmenter.

Les régions actives morphologiques ont été testés sur des images de synthèse et sur des images microscopiques. Ces résultats sont préliminaires car notre objectif principal est l'application de l'algorithme à la reconstruction 3D. Nous avons utilisé un critère d'arrêt simple qui a montré l'applicabilité de notre méthode pour les images biologiques. Cependant pour améliorer la précision de la segmentation, il est nécessaire d'avoir une caractérisation plus adaptée des objets étudiés.

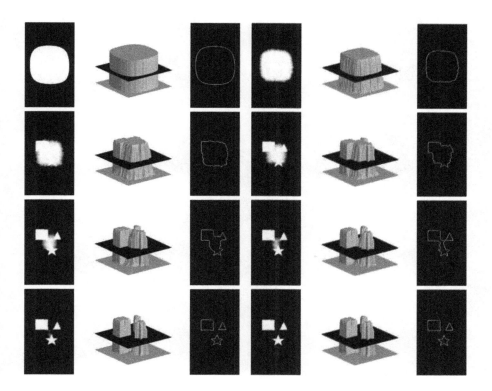

FIGURE 2.8: Segmentation de contours par la méthode des régions actives morphologiques. La région initiale enveloppe les objets. Pour chaque itération : à gauche, la région évoluant, au centre une représentation 3D de la région, à droite, la région binarisée avec un seuil de 1/2.

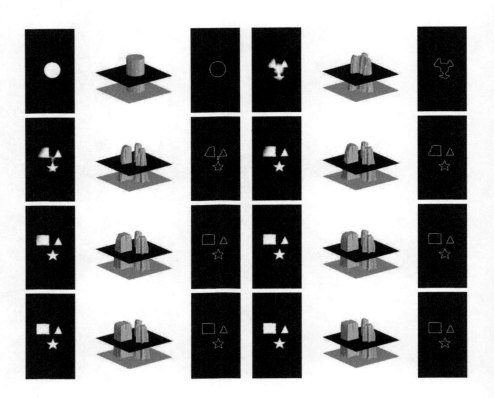

FIGURE 2.9: Segmentation de contours par la méthode des régions actives morphologiques. La région initiale touche une partie des objets. Pour chaque itération : à gauche, la région évoluant, au centre une représentation 3D de la région, à droite, la région binarisée avec un seuil de 1/2.

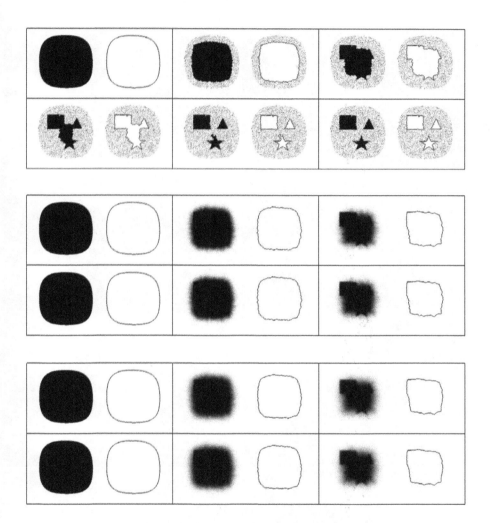

FIGURE 2.10: Segmentation d'une image de synthèse avec différents degrés de rigidité de la courbe. 3 différentes évolutions, en haut, sans rigidité, au centre, avec une rigidité moyenne, en bas, avec une forte rigidité. A chaque itération, la région utilisée pour la simulation et la courbe sont présentées.

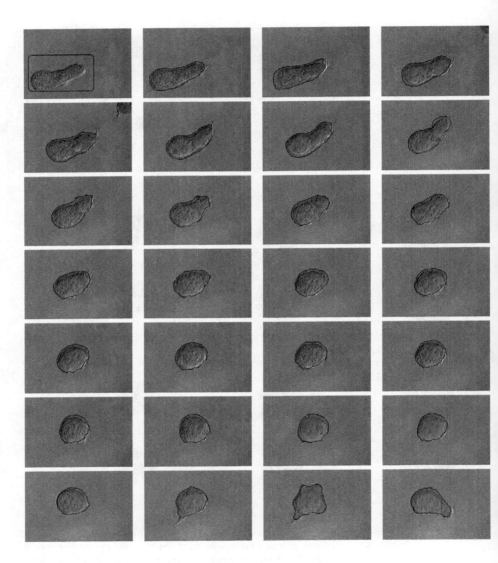

FIGURE 2.11: Poursuite d'une cellule par une région active morphologique sur une vidéo en couleurs.

Chapitre 3

Segmentation 3D

3.1 Introducction

Dans ce chapitre les algorithmes de propagation de fronts présentés dans le chapitre 1 sont étendus en trois dimensions et appliqués à la segmentation d'information volumique.

La section 3.2 décrit l'algorithme des contours actifs morphologiques en 3D, la section 3.3 présente une application à la segmentation de cellules à partir des données volumiques obtenus par microscopie confocale. La section 3.4 explique le passage à 3D de la méthode des régions actives morphologiques. Nous concluons dans la section 3.5.

3.2 Contours Actifs Morphologiques en 3D

Nous nous intéressons maintenant à l'évolution d'une surface tridimensionnelle. Ici le domaine d'évolution est représenté par un tableau tridimensionnel à valeurs binaires. La surface est initialisée en construisant un volume initial dans notre domaine d'évolution : 1 pour chaque voxel appartenant au volume et 0 pour ceux qui n'appartiennent pas au volume. La surface évoluant est définie par le bord de ce volume. L'extension de la méthode de contours actifs morphologiques en trois dimensions est aisée car elle présente la propriété de séparabilité, c'est-à-dire, il suffit d'effectuer l'érosion ou la dilatation et les substitutions en 2D sur les trois axes en suivant les étapes ci-dessous. L'ensemble de ces étapes constitue une itération dans le processus d'évolution de la surface.

A. Évolution en fonction de la courbure (à effectuer 3, 4, 5 ou 6 fois selon la rigidité désirée)

   a) Substitutions des configurations de Priorité 1 (plan YZ)
   Substitutions des configurations de Priorité 1 (plan ZX)
   Substitutions des configurations de Priorité 1 (plan XY)

   b) Substitutions des configurations Concaves (pour chaque plan)

   c) Substitutions des configurations de Priorité 1 (pour chaque plan)

   d) Substitutions des configurations Convexes (pour chaque plan)

FIGURE 3.1: Élément structurant pour les opérations morphologiques en 3D.

B. Évolution avec une vitesse constante (à effectuer 1 fois)

    a) Substitutions des configurations de Priorité 1 (pour chaque plan)

    b) Érosion ou Dilatation en 3D

L'élément structurant pour les opérations morphologiques est la sphère unitaire ou voisinage 6 du voxel (cf. figure 3.1)

Les 4 premières étapes (groupe A) doivent être effectuées plusieurs fois pour une seule érosion ou dilatation. Cela permet de pondérer d'une manière limitée l'évolution en fonction de la courbure. Trois répétitions minimales doivent être effectuées pour que le volume présente une déformation en fonction de sa courbure. C'est-à-dire pour que l'évolution 2D effectuée dans chaque axe simule une évolution 3D. Plus les répétitions effectuées sont nombreuses, plus l « avancement » ou le « recul » du volume est importante dans les sections où la valeur de la courbure moyenne est élevée. Après 6 répétitions il n'y a plus de changements. Cela est dû à la taille de la fenêtre choisie pour les configurations (3×3).

3.3 Segmentation en 3D

Nous allons présenter ici quelques résultats de segmentation de données tridimensionnelles, par application de la méthode des contours actifs 3D.

Concernant l'application biologique, nous avons constaté que l'analyse en 2D s'appuie sur des données qui ne représentent pas de manière correcte ni complète la forme 3D des objets. En effet, une cellule est un objet qui a une certaine épaisseur, qui lorsqu'elle est étudiée sur un microscope optique n'est pas bien perçue (cf. fig. 3.2). Les données volumiques peuvent être obtenues grâce au microscope confocal qui fournit plusieurs coupes en *z* de la cellule. L'intensité des images correspond à la concentration de fluorescence d'une molécule marquée (cf. fig. 3.3).

La méthode de segmentation proposée permet de bien segmenter ces données 3D (cf. fig. 3.4). Ce résultat est satisfaisant mais est pour l'instant préliminaire, pour l'application étudiée.

3.4 Régions Actives Morphologiques en 3D

L'extension en trois dimensions de la méthode est directe car la diffusion isotrope, ainsi que les opérations morphologiques sont définies en 3D. L'élément structurant pour les opérations morpholo-

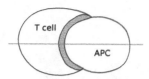

FIGURE 3.2: Le plan focal de l'image supprime l'information d'épaisseur de la cellule, qui sont hors de ce plan.

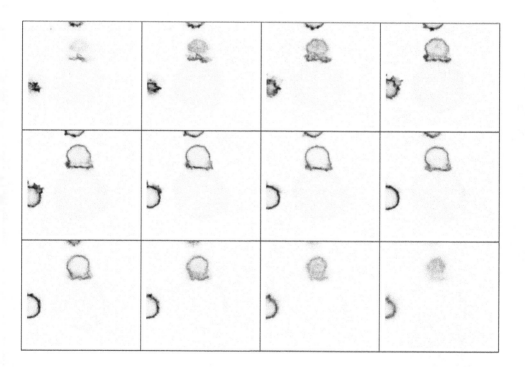

FIGURE 3.3: Images confocales de lymphocytes qui représentent des coupes en z de l'objet étudié - Chaque image est de taille 512×512 et représente $29,2\mu \times 29,2\mu$ la résolution en $x - y$ est de $0,06\mu$ et la résolution en z est de $0,5\mu$

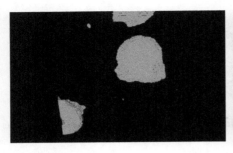 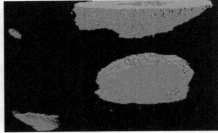

FIGURE 3.4: Résultats de la segmentation 3D des images de la figure 3.3.

giques est la sphère unitaire ou voisinage 6 du voxel (cf. figure 3.1).

Nous avons appliqué cette méthode à la segmentation 3D des nuages de points issus d'un algorithme classique de reconstruction 3D, les résultats sont présentés dans le chapitre 4.

3.5 Conclusions

Nous avons étendu à la 3D les deux méthodes de propagation de fronts. Quelques tests de la segmentation tridimensionnelle par les contours actifs morphologiques et pour les régions actives morphologiques ont été effectués, le résultat d'un test sur des données volumiques de cellules a été présenté dans ce chapitre. Les résultats sont satisfaisants. D'autres tests de segmentation 3D seront montrés dans le chapitre suivant car ils font partie d'un processus de reconstruction 3D. Il faudra attendre le chapitre suivant pour évaluer la performance des régions actives morphologiques en 3D.

Chapitre 4

Reconstruction 3D

4.1 Introduction

La reconstruction tridimensionnelle est définie dans le contexte de la vision passive, comme l'obtention du modèle tridimensionnel d'une scène à partir d'une ou plus images issues d'une ou plusieurs caméras. Dans ce chapitre nous allons distinguer deux approches utilisées pour résoudre le problème de la reconstruction 3D, l'approche photométrique et l'approche stéréoscopique. Dans l'approche stéréoscopique nous essayerons de classifier les méthodes existantes en deux groupes que nous appellerons « classiques » et « variationnelles » (cf. figure 4.1). Nous citerons quelques méthodes développées récemment, surtout appartenant à ce dernier groupe, puis nous appliquerons les contours actifs morphologiques dans une reconstruction de type classique et enfin nous proposerons une nouvelle méthode de type variationnelle utilisant les régions actives morphologiques.

Parmi les méthodes de reconstruction 3D on peut identifier deux approches : photométrique et stéréoscopique. Dans l'approche photométrique les méthodes obtiennent une mesure de profondeur à partir des changements dans l'intensité de la lumière reflétée par les objets dans une seule image. Un algorithme avec une approche photométrique est le « shape from shading » ou « forme à partir des ombrages » [Horn1986, Kimmel1995]. Pour le bon fonctionnement de ces algorithmes, les objets de la scène doivent êtres lambertiens, il doit avoir une seule source de lumière dans la scène et en général

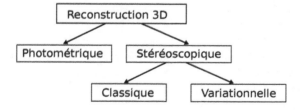

FIGURE 4.1: Les différentes approches dans la reconstruction 3D.

la forme des objets ne peut pas être très complexe. Dans l'approche géométrique ou stéréoscopique les algorithmes se servent des informations propres à la géométrie de la scène en utilisant deux ou plusieurs caméras. Nous allons nous intéresser aux méthodes utilisant l'approche stéréoscopique, et nous en ferons une classification. Deux types de méthodes de reconstruction 3D seront considérés : classiques et variationnelles (dû à la nature de sa formulation). D'une part les méthodes classiques, qui à partir de deux ou plus images stéréoscopiques fournissent un nuage de points en 3D. Ces méthodes nécessitent un post traitement pour transformer le nuage de points en une surface. D'autre part, les méthodes variationnelles permettent d'obtenir directement une surface comme résultat de la reconstruction. Les étapes de ces méthodes seront brièvement expliquées. Un algorithme qui n'a pas une formulation variationnelle mais qui donne directement un volume comme résultat sera brièvement décrit.

La section 4.2 décrit les principales étapes des méthodes classiques. La section 4.3 présente les méthodes variationnelles. La méthode d'évolution de surfaces est présentée dans la section 4.4. L'algorithme de Space Carving est brièvement présenté dans la section 4.5. Une application des contours actifs morphologiques à la construction d'une surface à partir du nuage de points obtenu avec une méthode classique est montrée dans la section 4.6 L'application des régions actives morphologiques à la reconstruction 3D est présentée dans la section 4.7. Nous concluons dans la section 4.8.

4.2 Méthodes Stéréoscopiques Classiques

Les méthodes stéréoscopiques utilisent deux ou plusieurs images d'une même scène avec différentes prises de vue pour reconstruire le modèle 3D. Les méthodes stéréoscopiques se différencient entre elles par le nombre de caméras utilisées (2, 3 ou plus), la configuration des caméras (parallèles ou obliques), le critère pour la mise en correspondance de points entre images et la structure algorithmique mise en œuvre.

Les étapes des méthodes stéréoscopiques classiques sont les suivantes :

1. Prétraitement
2. Mise en correspondance de points
3. Estimation de la position 3D de points appariés (création d'un nuage de points)

Le prétraitement consiste souvent à extraire des primitives qui vont faciliter le processus de la mise en correspondance. Ces primitives peuvent être des contours, de segments de droites, des points spéciaux comme des coins, des croisements de droites, des passages par zéro dans les transformées par ondelettes des images, etc.

Le problème de l'appariement ou de la mise en correspondance est le plus important et le plus difficile à résoudre. Il consiste à trouver un ensemble de couples ou de paires, chaque couple est formé d'un point d'une image apparié à un point d'une autre image.

Une fois que sont connues la position et l'orientation des caméras, la distance focale, la position des centres de projection et repérées les paires des points correspondants, la profondeur des points peut être reconstruite par triangulation. A ce moment, on n'a qu'un nuage de points en trois dimensions à partir duquel on doit construire une structure en trois dimensions. Il faut alors faire appel à des algorithmes qui essaient de connecter ou d'envelopper ce nuage de points (c'est le cas de la triangulation de Delaunay par exemple) pour constituer une surface et ainsi obtenir un vrai objet en trois dimensions. Une revue sur les méthodes stéréoscopiques a été publiée par Dhond *et al.* [Dhond1989].

4.2.1 Mise en Correspondance

On peut distinguer dans la littérature deux approches pour réaliser l'appariement ou mise en correspondance des images stéréoscopiques : les méthodes reposant sur des primitives et celles qui essaient d'apparier la totalité des points des images.

Dans l'approche basée sur des primitives (points spéciaux, segments de droite, arcs de cercle, portions de conique ou de contours) une correspondance est établie entre les primitives des différentes images. Le désavantage principal est qu'à la fin du processus de reconstruction on obtient seulement la position tridimensionnelle de ces primitives et non celle des objets complets. Les méthodes de reconstruction dense essaient d'effectuer une correspondance de tous les points des images et pas seulement de ceux appartenant à certaines primitives. Parmi les méthodes de reconstruction dense, l'exemple le plus simple est celui basé sur la corrélation croisée [Fua1991].

La recherche d'appariements est souvent effectuée en examinant la consistance locale, puis la consistance globale. Une recherche locale de possibles appariements est guidée pour la géométrie du système stéréoscopique exprimé sous la forme de la contrainte épipolaire. Après avoir appliqué les contraintes locales (*e.g.,* recherche du score maximum de corrélation croisé), il peut exister des appariements multiples. Pour lever des ambiguïtés, on doit examiner la consistance globale (*e.g.,* unicité de l'appariement). Les contraintes les plus importantes sont :

1. La contrainte épipolaire

2. L'unicité de l'appariement

3. La continuité surfacique de la disparité sauf sur le bord d'une surface

4. La limitation du gradient de la disparité

5. L'ordre de-gauche-à-droite

La contrainte épipolaire

Il s'agit de la seule contrainte géométrique d'un système de reconstruction tridimensionnelle stéréoscopique. La recherche du correspondant d'un pixel appartenant à une image dans une autre image

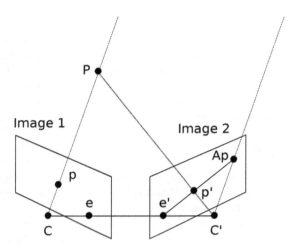

FIGURE 4.2: La contrainte épipolaire. La recherche des appariements du point p se fait le long de la ligne épipolaire $\overline{e'Ap}$. Cette ligne est la projection de la ligne $\overline{CP}$ dans l'image 2. C et C' son les centres de projection des images 1 et 2 respectivement. P es le point en 3D. Les points e et e' sont appelles épipoles et ils sont les intersections de la ligne $\overline{CC'}$ avec les images.

ne s'effectue pas dans toute l'image mais le long d'une seule ligne appelée ligne épipolaire. Cette ligne est l'intersection de la deuxième image et du « plan épipolaire ». Le plan épipolaire passe par les centres de projection des deux caméras et le point qu'on veut apparier (cf. figure 4.2). La contrainte épipolaire est une contrainte locale. Toutes les lignes épipolaires dans une image ont en commun un point appelé épipole. Ce point est la projection du centre de projection de l'autre image.

La relation entre les deux vues d'un système stéréoscopique (sa géométrie épipolaire) est exprimée d'une forme élégante en utilisant une matrice de 3×3 de rang 2 appelée Matrice Fondamentale. La description de la Matrice Fondamentale ainsi que les différents algorithmes développés pour son obtention et quelques analyses de stabilité ont été résumés par Luong et Faugeras [Loung1996].

L'unicité de l'appariement

Chaque pixel d'une image a au maximum un correspondant dans une autre image. Il se peut qu'un pixel n'aie pas de correspondant dans l'autre image, c'est le cas des occlusions. La mise en jeu de cette contrainte peut être effectuée par l'utilisation d'un algorithme de programmation dynamique qui ne permet qu'un correspondant par pixel tout en maximisant le critère de correspondance (*e.g.*, le score de corrélation croisée).

La continuité surfacique de la disparité

La disparité est définie comme la distance entre deux pixels homologues d'un couple stéréosco-pique (en superposant les images). La disparité est inversement proportionnelle à la composante en z du point en 3D. Vu que dans le monde réel, les objets ont une continuité dans sa surface, la disparité doit être similaire entre pixels voisins, sauf s'il s'agit du bord d'un objet. La continuité surfacique de la disparité est une contrainte globale utilisée pour lever les ambiguïtés et corriger les faux appariements obtenus à l'aide des contraintes locales.

La limitation du gradient de la disparité

Si on superpose deux images et on connecte par une droite chaque couple de pixels apparies (p, p') et (q, q') on obtient une carte de disparité. La séparation cyclopéenne est la distance entre points centraux de deux droites. Le gradient de disparité est défini comme le rapport entre la valeur absolue de la différence des disparités des deux couples stéréoscopiques et la séparation cyclopéenne. Nor-malement on dira que deux appariements gauche/droite sont compatibles si la valeur du gradient de disparité qui leur est associée est inférieure à 2.

L'ordre de-gauche-à-droite

Si notre paire stéréoscopique est constituée par deux caméras parallèles (leurs axes optiques sont parallèles), nous avons un point p_1 dans la première image et son correspondant p'_1 dans la deuxième image, alors le point p'_2, soit le correspondant du point p_2 placé à droite de p_1, se trouvera à droite de p'_1.

En ce qui concerne les structures algorithmiques utilisées pour réaliser l'appariement, celle qui est très souvent utilisée, avec de très bons résultats, est la programmation dynamique, cependant elle n'est pas capable par elle-même de gérer les occlusions.

4.2.2 Estimation de la position 3D des points appariés

Pour estimer la position en trois dimensions de chaque couple de points il faut construire deux lignes en trois dimensions à partir de chacun des points appariés et des centres de projections des caméras respectives et trouver l'intersection de ces deux lignes. (cf. figure 4.3).

Nous allons supposer que nous connaissons les prises de vue, c'est-à-dire que les caméras sont calibrées dans l'espace euclidien [Moons1999]. La prise de vue de chaque caméra est décrite par une matrice 3×4 M tel que :

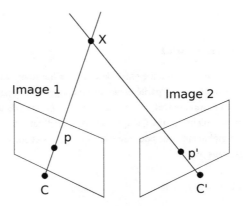

FIGURE 4.3: La position du point X est calculée en intersectant les lignes en 3D qui passent par les points p et p' et les centres de projections des caméras C et C'.

$$p = MX \quad p = \begin{bmatrix} x \\ y \\ 1 \end{bmatrix} \quad X = \begin{bmatrix} X \\ Y \\ Z \\ 1 \end{bmatrix} \tag{4.1}$$

où p est le point dans le plan image et X est le point de la scène tridimensionnelle, p et X en cordonnées homogènes. La matrice M comporte une rotation, un changement d'échelle et une translation. Ce qui représente une transformation projective de l'espace 3D à l'espace image. La connaissance de la matrice M signifie que la caméra est calibrée.

De cette façon, pour chaque caméra nous allons obtenir deux équations (4.2) qui représentent chacune un plan en 3D et l'intersection de ces plans est une ligne en 3D qui passe par le centre de projection C de la caméra et le point p (cf. figure 4.2) :

$$\begin{bmatrix} x \\ y \\ 1 \end{bmatrix} = \begin{bmatrix} m_{11} & m_{12} & m_{13} & m_{14} \\ m_{21} & m_{22} & m_{23} & m_{24} \\ m_{31} & m_{32} & m_{33} & m_{34} \end{bmatrix} \begin{bmatrix} X \\ Y \\ Z \\ 1 \end{bmatrix} \tag{4.2}$$

$$x = \frac{m_{11}X + m_{12}Y + m_{13}Z}{m_{31}X + m_{32}Y + m_{33}Z} \qquad y = \frac{m_{21}X + m_{22}Y + m_{23}Z}{m_{31}X + m_{32}Y + m_{33}Z} \tag{4.3}$$

ainsi, pour deux caméras nous avons $p = MX$ et $p' = M'X$

$$
\begin{array}{rcrcrcl}
(m_{31}x - m_{11})X & + & (m_{32}x - m_{12})Y & + & (m_{33}x - m_{13})Z & = & m_{14} - m_{34}x \\
(m_{31}y - m_{21})X & + & (m_{32}y - m_{22})Y & + & (m_{33}y - m_{23})Z & = & m_{24} - m_{34}y \\
(m'_{31}x' - m'_{11})X & + & (m'_{32}x' - m'_{12})Y & + & (m'_{33}x' - m'_{13})Z & = & m'_{14} - m'_{34}x' \\
(m'_{31}y' - m'_{21})X & + & (m'_{32}y' - m'_{22})Y & + & (m'_{33}y' - m'_{23})Z & = & m'_{24} - m'_{34}y'
\end{array}
\tag{4.4}
$$

Ce système peut être résolu par une méthode aux moindres carrés ou bien, par la « single value decomposition ».

4.3 Méthodes Variationnelles

De nos jours l'utilisation des Équations aux Dérivées Partielles (EDP) a des nombreuses applications dans le domaine de la vision par ordinateur et de la reconstruction tridimensionnelle [Deriche1995]. Certaines méthodes du « shape from shading » ont une formulation variationnelle [Kimmel1995]. Cependant on va s'intéresser plutôt aux méthodes stéréoscopiques dont l'appariement s'effectue à l'aide des EDP comme la méthode de la reconstruction dense [Robert1992] et celle de l'évolution des surfaces [Faugeras1998] [Keriven1997].

Dans la méthode de reconstruction dense, le problème de l'appariement d'une paire stéréoscopique est décrit comme la minimisation en z (profondeur du point en 3D) d'une fonction d'erreur des intensités des pixels des différentes images, prenant en compte le gradient de disparité. C'est à dire, la reconstruction de la surface d'un objet est faite sous la forme d'une surface $z = f(x,y)$. Avec une méthode comme celle-ci on peut reconstruire le modèle 3D d'une scène sans passer par le nuage de points car la résolution de la fonction décrite ci-dessus (par intégration numérique) donne une surface constituant le modèle de la scène en question. L'inconvénient de cette méthode est que la fonction utilisée ne permet pas de reconstruire ni un objet complet ni plusieurs objets. (cf. fig. 4.4)

4.4 Méthode d'Évolution des Surfaces

Cette méthode est une version améliorée de la méthode de reconstruction dense [Devernay1993, Robert1992]. La méthode d'évolution des surfaces utilise les méthodes de simulation numérique connus sous le nom de Méthodes des Ensembles de Niveau Zéro ou Level Set Methods [Adalsteinsson1995] pour résoudre le problème de la stéréovision. Cette théorie est utilisée pour faire évoluer une surface S qui va se diviser si nécessaire et se coller aux objets de la scène à reconstruire.

$$
\frac{\partial S}{\partial t} = \beta N
\tag{4.5}
$$

où S est la surface qui évolue dans le temps t avec un vitesse β en direction de sa normale N.

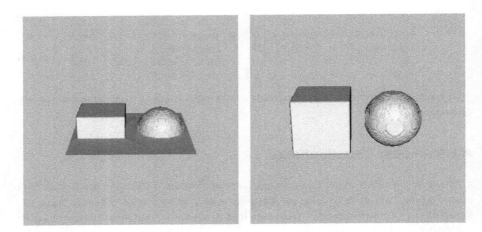

FIGURE 4.4: A gauche, reconstruction 3D avec la méthode de reconstruction dense : une surface de la forme $z = f(x,y)$ ne peut pas représenter des objets complets, ici à droite.

Le problème de la stéréo est décrit ici comme la minimisation d'une fonctionnelle par rapport à certains paramètres qui décrivent la géométrie de la scène (*e.g.*, corrélation croisée des images stéréoscopiques).

Cette méthode permet de reconstruire non seulement un objet complet mais plusieurs objets dans une scène. La surface initiale peut se diviser en deux ou plusieurs surfaces (changement de topologie) sans aucun effort particulier. L'évolution de la surface s'effectue par l'intermédiaire de l'intégration numérique de l'Éq. (4.5) en utilisant les méthodes d'ensembles de niveau zéro.

La vitesse et précision de l'évolution de la surface sont facilement réglables dans les Méthodes d'Ensembles de Niveau Zéro. Cependant une précision minime est nécessaire (*i.e.*, vitesse d'évolution × incrément de temps ≫ espacement du maillage) pour faire converger la méthode et permettre l'arrêt de l'évolution de la courbe sur les objets de la scène et éviter que la surface continue à se contracter jusqu'à devenir une tout petite sphère avant de disparaître. Dans cette méthode, les objets observés ne sont pas modélisés par le graphe d'une fonction $z = f(x,y)$ définie dans le plan rétinien de la première caméra, mais comme l'ensemble de niveau 0 d'une fonction $u : \mathbb{R}^3 \to \mathbb{R}$ suffisamment régulière $C = \{(x,y,z) : u(x,y,z) = 0\}$, c'est-à-dire u deux fois continûment différentiable. Cette approche possède deux avantages.

Premièrement, en relaxant l'hypothèse de graphe, il est potentiellement permis de considérer un nombre quelconque de caméras. Deuxièmement, cela conduit à une implémentation naturelle de l'évolution des surfaces par la méthode des ensembles de niveau.

D'abord dans la mise en œuvre de cette méthode, l'utilisation de l'équation de Hammilton-Jacobi pour gérer la vitesse d'évolution de la surface proposée par Osher *et al.* [Osher1998], a introduit quelques problèmes d'instabilité dans l'évolution, ces problèmes ont été résolus par Gomes *et al.* [Gomes2000] avec l'introduction d'une nouvelle équation.

La vitesse d'évolution prend en compte les images stéréoscopiques et guide l'évolution de l'équation (4.5) à la rencontre de la surface des objets de la scène, cette vitesse, dans la version de Gomes *et al.*, est :

$$\beta = \phi H - \nabla \phi \cdot N \qquad (4.6)$$

où H est la courbure moyenne de S et ϕ est une mesure de similarité locale deux à deux images de la scène tridimensionnelle à reconstruire. ϕ provient de la corrélation croisée normalisée de deux sous-images (fenêtres de taille fixe). Évidemment pour obtenir un ϕ utile, les images doivent être fortement texturées. Une autre simplification a été fait par Kimmel *et al.* [Kimmel2002] mais elle est aussi limitée en vitesse, à cause de la méthode utilisée pour propager le front d'onde (les ENZ).

4.5 Space Carving

Récemment un nouvel algorithme est apparu dans la littérature appelé Space Carving [Kutulakos, 1999]. Cette méthode introduit une théorie qui permet de travailler avec des images non-texturées et un nombre quelconque de caméras. L'algorithme fonctionne sur un domaine tridimensionnel discret. Un volume initial composé d'un ensemble de voxels va être sculpté pour qu'il prenne la forme des objets de la scène. Les voxels de la surface du volume sont éliminés un par un s'ils ne satisfont pas une condition de photo-consistance. C'est-à-dire pour chaque voxel de la surface un test est fait avec toutes les caméras pour lesquelles le voxel est visible. Il faut identifier d'abord les caméras pour lesquelles le voxel en question est visible. Après, on va projeter le voxel à travers chaque caméra et la photo-consistance sera vérifiée. Dans le cas le plus simple, on peut utiliser comme critère de photo-consistance, une marge d'erreur pour la couleur de chaque pixel. Un modèle plus compliqué comme celle de la radiosité peut aussi être prise en compte. Cet algorithme a reçu beaucoup d'attention de la communauté de reconstruction 3D car il est très rapide et très simple à programmer, vu qu'on dispose d'un algorithme pour estimer la photo consistance.

4.6 Contours Actifs Morphologiques pour la Reconstruction 3D

Nous avons utilisé la version 3D des contours actifs morphologiques, pour réaliser une reconstruction tridimensionnelle. Cette méthode peut être considérée comme une simplification de la méthode de Faugeras-Keriven de reconstruction 3D [Faugeras1998], brièvement présentée dans la section 4.4.

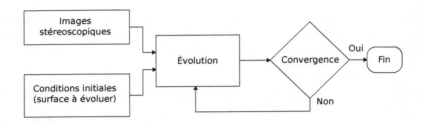

FIGURE 4.5: Fonctionnement de l'algorithme de reconstruction 3D par évolution de surfaces.

Cette dernière méthode utilise les Ensembles de Niveau Zéro pour l'évolution de la surface suivant une EDP, qui va faire converger la surface vers les objets de la scène. Cette évolution est contrainte par les deux ou plusieurs images de la scène.

Dans l'approche proposée, nous utilisons les surfaces actives morphologiques à la place des ENZ. Ce qui rend le processus plus rapide et la programmation plus simple. La surface évolue de la même façon que pour la segmentation en 3D (section 3.4). Seule la prise en compte des données d'entrée doit être modifiée. On fait évoluer une surface initiale sous les contraintes imposées par les images stéréoscopiques. L'évolution converge vers les objets de la scène. L'algorithme peut travailler avec un nombre quelconque de caméras mais il faut connaître leur positions et orientations à l'avance, c'est à dire, les caméras doivent être calibrées. La méthode peut utiliser des images fortement texturées ainsi que des images non-texturées. On peut aussi considérer la méthode comme une variante de la méthode de Space Carving [Kutulakos 1999], à laquelle a été ajouté un terme de régularisation. L'ajout de ce terme permet de travailler avec un critère de photo-consistance simple, tel qu'une marge d'erreur de la couleur du pixel.

La figure 4.5 montre un schéma qui explique le fonctionnement de la méthode de reconstruction. Nous allons faire évoluer une surface qui va envelopper les objets de la scène. D'abord il faut initialiser la surface qui va évoluer, par exemple, à un cube ou à une sphère. Il nous faut aussi, comme données d'entrée, au moins deux images stéréoscopiques qui constitueront les contraintes pour l'évolution de la surface.

Il est important de noter que la méthode de contours actifs morphologiques fonctionne sur un domaine à valeurs binaires. Alors, pour la 3D il s'agit de voxels qui peuvent valoir 1 ou 0, exister ou ne pas exister.

Une itération de l'évolution de la surface consiste à effectuer les substitutions, puis l'érosion (voir section 3.4). A chaque itération un test sera effectué pour chaque voxel de la surface évoluant. Il s'agit d'estimer si le voxel en question appartient à la surface d'un objet de la scène. Si c'est le cas, le voxel ne sera pas éliminé ni par l'érosion, ni par les substitutions. Ce test est constitué par une mesure de

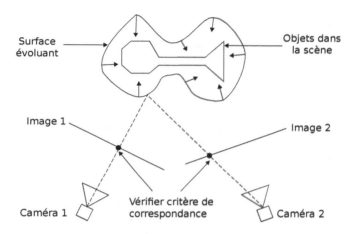

FIGURE 4.6: Prise en compte des images stéréoscopiques dans l'évolution de la surface.

correspondance entre deux ou plusieurs pixels appartenant chacun aux images issues de différentes caméras. D'abord il faut vérifier pour quelles caméras le voxel est visible, après il faut projeter le voxel à travers toutes ces caméras. Les pixels trouvés comme résultats de la projection (les projections du voxel dans les différentes caméras) peuvent être ses voisins, et seront utilisées pour réaliser la mesure de correspondance. Une mesure de correspondance peut être, par exemple, une corrélation croisée (cf. figure 4.6).

L'évolution arrive à la convergence lorsqu'après une itération aucun voxel n'est éliminé.

4.6.1 Mesure de correspondance

Nous utilisons pour les images texturées une mesure de corrélation croisée normalisée [Fua1991] car elle n'est pas sensible aux transformations linéaires telle qu'une illumination différente pour chaque caméra.

$$s = \max(0, 1 - c)$$

$$c = \frac{\sum_{i,j}((I_1(x+i,y+j) - \bar{I}_1) - (I_2(x+dx+i,y+dy+j) - \bar{I}_2))^2}{\sqrt{(\sum_{i,j} I_1(x+i,y+j)^2)(\sum_{i,j} I_2(x+dx+i,y+dy+j)^2)}}$$

où I_1 et I_2 sont les intensités des images gauche et droite, $\bar{I}_1$, $\bar{I}_2$ sont les valeurs moyennes dans la fenêtre de corrélation et dx, dy représentent des déplacements le long de la ligne épipolaire.

4.6.2 Test sur des images de synthèse

Nous avons réalisé deux types de tests sur des images de synthèse, le premier avec deux tores imbriqués où un nuage de points intermédiaire a été créée puis segmenté pour obtenir le modèle 3D des tores. Dans le deuxième, le modèle 3D a été obtenu sans le passage par le nuage de points intermédiaire et la méthode a été testée sur deux types d'images de synthèse : différentes prises de vues de deux tores imbriqués et d'une cafetière. Le critère de correspondance utilisé a été une simple marge d'erreur dans le niveau de gris du pixel pour chaque paire d'images.

La figure 4.7 montre la reconstruction des deux tores à partir d'un nuage de points obtenu avec un algorithme classique de reconstruction. Cet exemple montre les possibilités de la méthode : une surface initiale change de topologie, elle se divise en deux. La méthode gère ce changement auto-matiquement. Le nuage de points a été obtenu à l'issue d'un algorithme classique de reconstruction 3D (multicaméra) où seule la contrainte épipolaire a été prise en compte (par paire de caméras) mais pas celle d'unicité, du limite du gradient, etc. ce qui produit beaucoup de faux appariements qui sont convertis en points qui n'appartient pas à la surface des objets. Cela rend la segmentation plus difficile. Les prises de vue utilisée sont montrées dans la figure 4.8.

La figure 4.10 présente la reconstruction de deux autres tores dont les prises de vue sont dans la figure 4.9. Le critère de correspondance utilisé a été une marge d'erreur dans le niveau de gris du pixel pour chaque paire d'images. La figure 4.11 montre la reconstruction des mêmes tores par la méthode de Space Carving. Le critère de photo-consistence utilisé a été le même marge d'erreur dans le niveau de gris du pixel.

On peut noter dans la figure 4.11 qu'avec certains paramètres (*e.g.,* photo-consistance égale à un marge d'erreur dans le niveau de gris), l'algorithme de space carving n'arrive pas à obtenir une re-construction adéquate. La figure 4.10 montre que l'algorithme de contours actifs morphologiques, avec les mêmes paramètres fournit un meilleur résultat grâce à la régularisation imposée à la surface.

La figure 4.12 montre la reconstruction d'une cafetière dont les prises de vue sont dans la figure 4.13, l'erreur dans le bec verseur est dû au manque d'information dans les images de synthèse, regar-dez le point blanc dans la vue du dessus (cf. figure 4.13).

4.6.3 Test sur des images réelles

Nous avons testé nos algorithmes avec deux images déjà assez connues dans la communauté de reconstruction 3D, c'est le cas du visage d'Hervé Mathieu (cf. figure 4.14), deux images de 512×512 pixels, disponibles dans le site de l'INRIA avec sa calibration euclidienne (matrices de projection) et projective (matrice fondamentale). Nous avons utilisée les algorithmes de reconstruction classiques pour construire un nuage de points en trois dimensions (cf. figure 4.15). Les contraintes d'unicité, et celle de limitation du gradient de la disparité n'ont pas été prises en compte, seule la contrainte

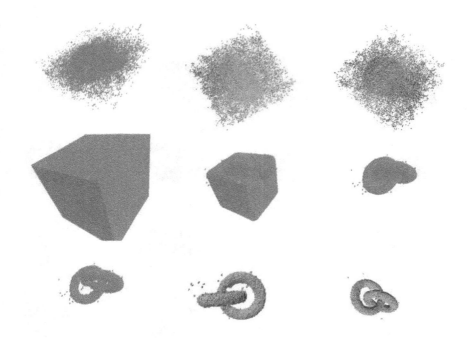

FIGURE 4.7: Reconstruction 3D avec des données synthétiques. La première ligne montre différentes vues d'un nuage de points en 3D. La ligne centrale montre l'évolution d'une surface initialisée à un cube en utilisant les contours actifs morphologiques. La ligne en bas contient différentes vues du résultat de la segmentation.

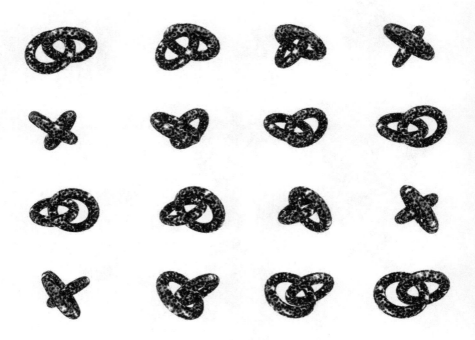

FIGURE 4.8: Images texturés utilisées à l'entrée de l'algorithme classique de reconstruction 3D.

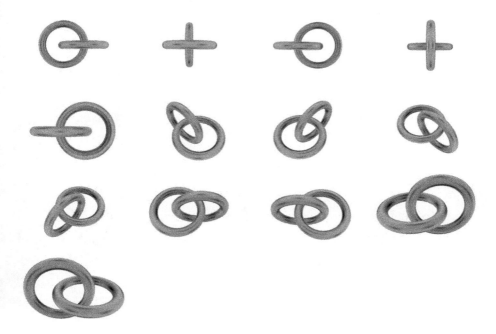

FIGURE 4.9: Prises de vue des 13 caméras utilisées pour la reconstruction : images non texturées.

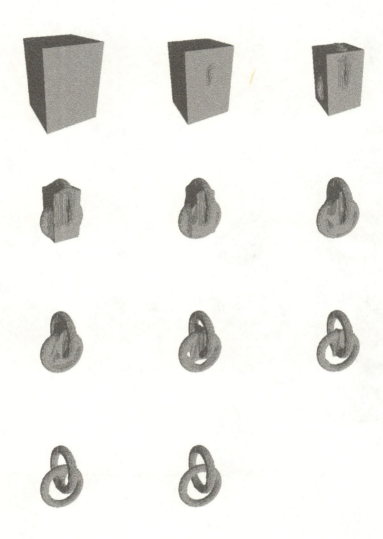

FIGURE 4.10: Reconstruction 3D avec les contours actifs morphologiques.

FIGURE 4.11: Reconstruction avec l'algorithme de Space Carving.

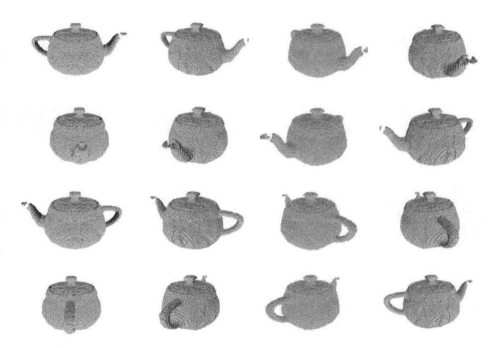

FIGURE 4.12: Reconstruction 3D avec les contours actifs morphologiques.

FIGURE 4.13: Prises de vue des 13 caméras utilisées pour la reconstruction.

FIGURE 4.14: Images stéréoscopiques utilisées pour la reconstruction.

épipolaire a été considérée pour générer ce nuage de points, ce qui donne un nuage très bruité dû aux faux appariements. Puis nous avons fait évoluer une surface, initialisé par un grand cube, à l'aide des surfaces actives morphologiques et nous avons obtenu une surface avec quelques petites surfaces qui n'appartient pas au visage (cf. figure 4.16).

Après, à l'aide d'un programme pour éliminer les petites surfaces isolées, le résultat de la figure 4.16 a été nettoyé (cf. figure 4.17).

4.7 Régions Actives Morphologiques pour la Reconstruction 3D

Nous avons appliqué la méthode de régions actives morphologiques à la reconstruction 3D avec de bons résultats. Contrairement aux contours actifs morphologiques, les régions actives morphologiques ne laissent pas de petites surfaces isolés, grâce à une meilleure approximation de l'évolution en fonction de la courbure, simulée par la diffusion isotrope ce qui renforce la rigidité de la courbe. La figure 4.18 montre le résultat de la segmentation du nuage de points de la figure 4.15 à l'aide des régions actives morphologiques.

Le domaine d'évolution est un cube de 10^6 voxels à valeurs réelles. Une fois construit le nuage de points à l'aide des algorithmes classiques de reconstruction 3D, ce qui prend environ cinq minutes, l'évolution de la courbe est réalisée en moins de deux minutes avec un PIII 450 MHz.

Finalement une reconstruction sans passer par le nuage de points a été effectuée. Une fonction de

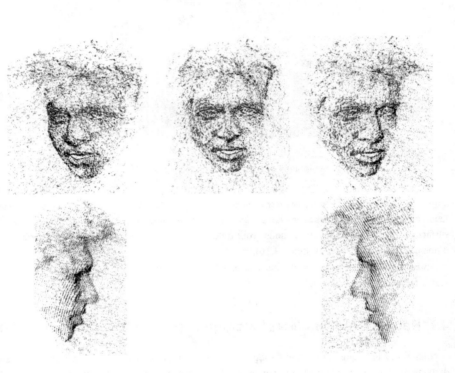

FIGURE 4.15: Nuage de points issue d'une méthode classique de reconstruction 3D.

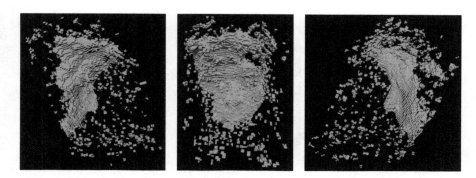

FIGURE 4.16: Reconstruction avec les contours actifs morphologiques. Segmentation du nuage de points de la figure 4.15. Il reste quelques petits surfaces isolées qui ne font pas partie du visage.

corrélation des images stéréoscopiques a été utilisée pour guider l'évolution de la surface dans la reconstruction 3D à la place du nuage de points intermédiaire. Une fonction binaire a été construite pour arrêter l'évolution de la courbe : d'abord un score de corrélation croisée a été calculé pour chaque voxel du domaine d'évolution de la courbe, puis ce tableau a été binarisé par une fonction max( ) le long de l'axe z.

La figure 4.19 montre la reconstruction obtenue et quelques itérations dans le processus d'évolution de la courbe. Ce résultat est préliminaire, le critère d'arrêt est calculé avec une résolution voxelique. L'évolution du volume, initialisé à un cube, prend 1 minute 20 secondes avec un PIII à 450 Mhz pour achever la reconstruction du visage à l'itération 64. Largement plus rapide que la reconstruction par ensembles de niveaux zéro qui nécessite 3 heures 30 minutes dans son première implémentation par Faugeras et Keriven [Faugeras1998] et dont les variantes n'ont guère réduit ce temps, par exemple dans la version de Gomes et Faugeras [Gomes2000] avec 2h30. Nous travaillons encore sur cette reconstruction pour améliorer la précision.

4.8 Conclusions

Dans ce chapitre nous avons présenté les principales méthodes de reconstruction 3D, en distinguant l'approche géométrique ou stéréoscopique du photométrique. Nous avons aussi rappelé les principales étapes de la reconstruction 3D dans les méthodes classiques : prétraitement, mise en correspondance, reconstruction et création du modèle 3D en remarquant l'importance de la mise en correspondance, ainsi que les différentes contraintes utilisées. Nous avons décrit les principes des méthodes stéréo-

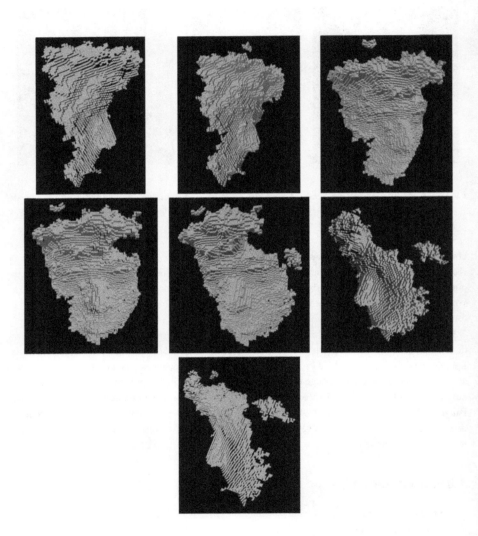

FIGURE 4.17: Reconstruction 3D avec les contours actifs morphologiques (après nettoyage).

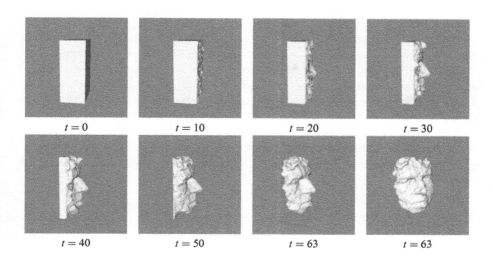

FIGURE 4.18: Reconstruction 3D avec les régions actives morphologiques. Segmentation d'un nuage de points.

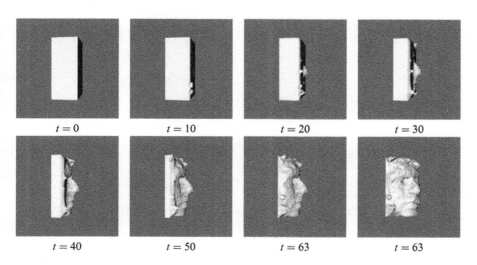

FIGURE 4.19: Reconstruction 3D avec les régions actives morphologiques.

scopiques variationnelles ainsi que les avantages de ceux-ci par rapport aux méthodes basées sur des primitives. Nous avons expliqué brièvement la méthode de Space Carving. Finalement nous avons appliqué les versions tridimensionnelles de deux méthodes proposés dans cette thèse : les contours actifs morphologiques et les régions actives morphologiques pour réaliser une reconstruction 3D, d'abord avec des images de synthèse et puis avec des images réelles. Dans une première étape en faisant appel à un nuage de points intermédiaire (fournie par un méthode de reconstruction classique) et puis sans ce nuage de points, en réalisant les mesures directement dans les images pour guider l'évolution de la courbe. Les résultats sont très encourageants. La vitesse de ces méthodes, surtout celle de la seconde, dépasse largement la vitesse des autres méthodes de propagation d'interfaces. Nous travaillons encore sur la dernière reconstruction, avec une approche de raffinement graduel pour améliorer la précision du résultat.

Conclusions et Perspectives

Dans cette livre, nous avons présenté deux nouveaux algorithmes pour la propagation d'un front d'onde : les Contours Actifs Morphologiques et les Régions Actives Morphologiques. Les applications de ces méthodes sont nombreuses. Nous nous sommes intéressés principalement à la reconstruction tridimensionnelle, à la segmentation d'images bidimensionnelles et tridimensionnelles. Les avantages principaux sont le coût de calcul réduit et la simplicité de la programmation, cependant les régions actives morphologiques est aussi une méthode robuste.

L'extension à la 3D est aisée pour les contours actifs morphologiques et directe pour les régions actives morphologiques. Nous avons testé les algorithmes avec des images synthétiques et réelles en deux et trois dimensions, pour la segmentation d'images et pour la reconstruction tridimensionnelle. Pour cela nous avons construit des fonctions de prise en compte des images, adaptés à nos algorithmes de propagation de fronts. Les résultats sont encourageants. Les résultats montrent une réduction du temps de plus de 100 fois pour la reconstruction 3D par rapport aux méthodes reposant sur les Ensembles de Niveau Zéro (ENZ). Or la précision du modèle reconstruit est moins bonne. Toutefois notre méthode peut être utilisé pour initialiser un algorithme de reconstruction reposant sur les ENZ.

Le point faible des deux méthodes proposées est la structure algorithmique conditionnelle dans l'implémentation du terme constant lors de l'évolution de la courbe : il faut décider si une érosion ou une dilatation sera effectuée. Cela oblige à construire des fonctions binaires pour le critère d'arrêt des applications (e.g., segmentation d'images, reconstruction 3D). Cette limitation peut être levée pour les régions actives morphologiques si on applique un seuillage adaptatif à la place des érosions et dilatations morphologiques. Ce seuil peut être choisi selon le terme constant de la vitesse d'évolution de la courbe et aussi en fonction des données des images d'entrée (critère d'arrêt) [Merriman1992, Venegas2002]. Cependant cette implémentation est plus lente.

La principale perspective de ce travail est l'application des régions actives morphologiques à la poursuite d'objets en deux et trois dimensions. Cependant il sera nécessaire d'incorporer un modèle cinématique ou au moins une estimation du flot optique si le déplacement des objets est important.

Nous envisageons d'augmenter la vitesse de la méthode en travaillant dans le domaine de Fourier, car les opérations utilisées dans la méthode sont des convolutions qui équivalent aux multiplications dans le domaine de la fréquence, cette approche a été explorée par Ruuth [Ruuth1998].

Table des figures

Références

[Adalsteinsson1995] D. Adalsteinsson and J. A. Sethian. A fast level set method for propagating interfaces. Journal Of Computational Physics, 120 :269-277, 1995.

[Aubert1999] G. Aubert and L. Blanc-Feraud. Some Remarks on the Equivalence between 2D and 3D Classical Snakes and Geodesic Active Contours. International Journal of Computer Vision, 34 :19-28, 1999.

[Brooks1994] Michael J. Brooks, Wojciech Chojnacki. Direct Computation of Shape From Shading. Rapport de Recherche INRIA. Janvier 1994.

[Caselles1995] V. Caselles, R. Kimmel and G. Sapiro. Geodesic active contours. In IEEE International Conference in Computer Vision, Boston, USA, 1995.

[Caselles1997] V. Caselles, R. Kimmel and G. Sapiro. Geodesic active contours. International Journal of Computer Vision, 22 :61-79, 1997.

[Cohen1991] L. D. Cohen. On active contour models and balloons. Comput. Vis. Graph. Image Process. 53 : 211-218, 1991.

[Delingette2000] Delingette Hervé, Montagnat Johan. Topology and Shape Constraints on Parametric Active Contours. Rapport de recherche INRIA Sophia-Antipolis. Janvier 2000.

[Deriche1995] Rachid Deriche et Oliver Faugeras. Les EDP en Traitement des Images et Vision par Ordinateur. Rapport de recherche INRIA Sophia-Antipolis. Nov. 1995.

[Devernay1994] Frédéric Devernay and Olivier Faugeras. Computing differential properties of 3-D shapes from stereoscopic images without 3-D models. Proccedings of the International Conference on Computer Vision and Pattern Recongition, pages 208-213, Seattle, WA, June 1994. IEEE.

[Devernay1995] Frederic Devernay et Olivier Faugeras. From Projective to Euclidean Reconstruction. Rapport de Recherche INRIA Sophia-Antipolis. Novembre 1995.

[Dhond1989] U. R. Dhond and J. K. Aggarwal. Stucture from Stereo A Review. IEEE Trans. SMC, 19(6) :1489-1510, 1989.

[Faugeras1998] Olivier Faugeras and Renaud Keriven. Variational principles, Surface Evolution, PDEs, level set methods and the Stereo Problem. IEEE Transactions on Image Processing. Special Issue on Geometry Driven Diffusion and PDEs in Image Processing, March 1998.

[Fua1991] Pascal Fua. A Parallel Stereo Algorithm that produces Dense Depth Maps and Preserves Images Features. Rapport de Recherche INRIA Rocquencourt. Janvier 1991.

[Gage1986] M. Gage and R. S. Hamilton. The heat equation shrinking convex plane curves. J Diff. Geom. 23 :69-96, 1986

[Grayson1987] M. Grayson. The heat equation shrinks embedded plane curves to round points. J. Diff. Geom. 26 : 285-314, 1987.

[Goldenberg2001] Roman Goldenberg, Ron Kimmel, Ehud Rivlin and Michael Rudzsky. Fast Geodesic Active Contours. IEEE Transactioins On Image Processing. 10 :1467-1475. 2001.

[Gomes2000] José Gomes and Olivier Faugeras. Surfaces de Niveau et Fonctions Distance. RFIA. Paris. Février 2000.

[Horn1986] B.K.P Horn and M.J. Brooks, The Variational Approach to Shape from Shading, Computer Vision, Graphics, and Image Processing, Vol. 33, No. 2, pp. 174-208. Février 1986.

[Kass1987] M Kass, A. Witkin, and D. Terzopoulos, (1987) Snakes : Active contour models, Int. J. Comput. Vis. Vol 1, pp. 321-332.

[Keriven1997] Renaud Keriven. Équations aux Dérivées Partielles, Évolutions de Courbes et de Surfaces et Espaces d'Échelle : Applications à la Vision par Ordinateur. Thèse doctorale. École Nationale de Ponts et Chaussées. Décembre 1997.

[Kimmel1995] R. Kimmel and A. M. Bruckstein, Tracking level sets by level sets : a method for solving the shape from shading problem. Comput. Vis. Image Undest. 62 :47-58. 1995.

[Kimmel2002] R. Kimmel. 3D Shape Reconstruction from Autostereograms and Stereo. special issue on PDEs in Image Processing, Computer Vision, and Computer Graphics, Journal of Visual Communication and Image Representation, 13 :324-333, 2002.

[Koenderink1990] J. J. Koenderink. Solid Shape. MIT Press, Cambridge, MA. 1990.

[Kutulakos1999] Kiriakos N. Kutulakos and Steven M. Seitz. A Theory of Shape by Space Carving. Proc. CVPR, pp.307-314, 1999.

[Lhuillier2000] M. Lhuillier and L. Quan. Robust Dense Matching using Local and Global Geometric Constraints. RFIA. Paris. Février 2000.

[Lorensen1987] William E. Lorensen, Harvey E. Cline, « Marching Cubes : A High Resolution

3D Surface Construction Algorithm », Computer Graphics, Vol. 21, No. 4, July 1987.

[Loung1996] Q. T. Luong and O. D. Faugeras. The Fundamental matrix : theory, algorithms, and stability analysis. Rapport de Recherche INRIA.

[McInerney1996] T. Mc.Inerney and D. Terzopoulos, Deformable models in medical image analysis : a survey, Medical Image Analysis, 1996, 1(2) :91-108.

[Meas-Yedid2000] V. Meas-Yedid, J.-C. Olivo-Marin, "Active contours for biological motility analysis", ICIP'2000, Vancouver, sept. 2000.

[Merriman1992] Merriman, Bence and Osher. Diffusion generated motion by mean curvature. In J. E. Taylor, editor, Computational Crystal Growers Workshop, pages 73-83. American Mathematical Society, Providence, Rhode Island, 1992.

[Merriman1994] Merriman, Bence and Osher. Motion of multiple junctions : a level set approach. Journal of Computational Physics, 112(2) :334-363. 1994

[Moons1999] Moons T. A Guided Tour Trough Multiview Relations. In R. Koch and L. Van Gool, editors, European Workshop, SMILE'98, Freiburg, Germany, June 1999.

[Osher1998] Osher, S., and Sethian, J. A, Fronts Propagating with Curvature-Dependent Speed : Algorithms Based on Hamilton-Jacobi Formulations, Journal of Computational Physics, 79, pp. 12-49, 1988.

[Pan1996] H.Pan, "General Stereo Image Matching Using Symmetric Complex Wavelets," presented at SPIE Conference : Wavelet Applications in Signal and Image Processing, VI. Denver, August 1996, Published in SPIE Proceedings, vol. 2825.

[Paragios1999] N. Paragios and R. Deriche. Geodesic Active Regions for Supervised Texture Segmentation. In IEEE International Conference on Computer Vision, pages 926-932, Cofu, Greece, 1999.

[Paragios2000] N. Paragios and R. Deriche. Geodesic Active Contours and Level Sets for the Detection and Tracking of Moving Objects. N. IEEE Trans. On Pattern Analysis and Machine Intelligence, 22(3) :266-280, March 2000.

[ParagiosThesis2000] Nikos K. Paragios. Geodesic Active Regions and Level Set methods : Contributions and Applications in Artificial Vision. Doctoral Thesis. University of Nice Sophia Antipolis. France. January 2000.

[Perona1990] P. Perona and J. Malik. Scale-space and edge detection using anisotropic diffusion. IEEE Transaction on Pattern Analysis and Machine Intelligence, 12(7) :629-639, 1990.

[Rendón2001] Juan Manuel Rendón-Mancha, Vannary Meas-Yedid, Santiago Venegas, Jean-Christoph Olivo-Marin and Georges Stamon. "Morphological Active Contours for Image Segmentation". IMVIP 2001. Ireland.

[Robert1992] L. Robert, R. Deriche, and O. D. Faugeras. Dense depth recovery from stereo images. Proceedings of the European Conference on Artificial Intelligence, pages 821-823, Vienna, Austria, August 1992.

[Robert1995] L. Robert and R. Deriche. Dense Depth Reconstruction Using A Multi-Scale Regularisation Approach Which Preserves Discontinuities. In Proceedings of the International Workshop on Stereoscopic and 3D imaging, Santorini, Greece, September 6-8, 1995.

[Rothwell1995] Charlie Rothwell, Gabriela Csurka and Olivier Faugeras. A Comparision of Projective Reconstruction Methods for Pairs of Views. Rapport de recherche INRIA Sophia-Antipolis. Novembre 1995.

[Ruuth1998] S. J. Ruuth. Efficient Algorithms for Diffusion-Generated Motion by Mean Curvature. Journal of Computational Physics. 144 : 603-625, 1998.

[Sapiro2001] G. Sapiro. Geometric partial differential equations and Image Analysis. Cambridge University Press, 2001.

[Sapiro1993] G. Sapiro, R. Kimmel, D. Shaked, B. B. Kimia, A. M. Bruckstein. Implementing continuous-scale morphology via curve evolution, Pattern Recog. 26, 1993.

[Serra1982] Serra, Image Analysis and Mathematical Morphology. Academic Press, London, 1982.

[Sethian1996] J. A. Sethian. Level Set Methods. Cambridge University Press, 1996.

[Sethian1999] J. A. Sethian. Level Set Methods and Fast Marching Methods. Cambridge University Press, 1999.

[Terzopoulos1987] D. Terzopoulos, J. Platt, A. Barr, and K. Fleiscer. Elastically deformable model. Computer Graphics, 21 :205-214, 1987.

[Terzopoulos1988] D. Terzopoulos, A. Witkin, and M. Kass. Constraints on deformable models : Recovering 3D shape and nonrigid motion. Artificial Intelligence, 36 :91-123, 1988.

[Venegas2001] Venegas-Martinez S. Rendón-Mancha J. M. Stamon G. Segmentation Spatiotemporelle en utilisant un Front de Propagation et Champs de Déplacement", CORESA 2001. France.

[Venegas2002] Venegas-Martinez S. Rendón-Mancha J. M. Stamon G. Anisotropic Diffusion by a Recursive Linear Convolving Method : Application to Space-time Segmentation and Pattern Recognition. Visual Interface 2002. Calgary, Canada. 2002. Accepted.

[Xu1998] C. Xu and J. L. Prince. Snakes, Shapes, and Gradient Vector Flow. IEEE Transactions on Image Processing, 359-369, March 1998.

[Zhang1993] Zhengyou Zhang. Le problème de la mise en correspondance : L'état de l'art. Rapport de recherche INRIA Sophia-Antipolis. Décembre 1993.

[Zhu1996] S. C. Zhu and A. Yuille. Region Competition : Unifying Snakes, Region Growing, and Bayes/MDL for Multiband Image Segmentation. IEEE Trans. On Pattern Analysis and Machine Intelligence, 18(9) :884-900, 1996.

[Zimmer2001] C. Zimmer, V. Meas-Yedid, E. Glory, E. Labruyere, N. Guillen, J-C Olivo-Marin, Active contours applied to the shape and motion analysis of amoeba, SPIE International Symposium on Optical Science and Technology, Proc. SPIE, Vol. 4476, 124 (2001).

Une maison d'édition scientifique

vous propose

la publication gratuite

de vos articles, de vos travaux de fin d'études, de vos mémoires de master, de vos thèses ainsi que de vos monographies scientifiques.

Vous êtes l'auteur d'une thèse exigeante sur le plan du contenu comme de la forme et vous êtes intéressé par l'édition rémunérée de vos travaux? Alors envoyez-nous un email avec quelques informations sur vous et vos recherches à: info@editions-ue.com.

Notre service d'édition vous contactera dans les plus brefs délais.

Éditions universitaires européennes
Dudweiler Landstraße 99
66123 Sarrebruck
Allemagne
www.editions-ue.com